일하는 이유

일하는 이유

발행일	2022년 1월 3일		
지은이	강민수		
펴낸이	손형국		
펴낸곳	(주)북랩		
편집인	선일영	편집	정두철, 배진용, 김현아, 박준, 장하영
디자인	이현수, 한수희, 허지혜, 안유경	제작	박기성, 황동현, 구성우, 권태련
마케팅	김회란, 박진관		
출판등록	2004. 12. 1(제2012-000051호)		
주소	서울특별시 금천구 가산디지털 1로 168, 우림라이온스밸리 B동 B113~114호, C동 B101호		
홈페이지	www.book.co.kr		
전화번호	(02)2026-5777	팩스	(02)2026-5747

ISBN   979-11-6836-097-6 03320 (종이책)   979-11-6836-098-3 05320 (전자책)

(주)북랩 성공출판의 파트너

북랩 홈페이지와 패밀리 사이트에서 다양한 출판 솔루션을 만나 보세요!

홈페이지 book.co.kr   • **블로그** blog.naver.com/essaybook   • **출판문의** book@book.co.kr

작가 연락처 문의 ▶ ask.book.co.kr

작가 연락처는 개인정보이므로 북랩에서 알려드릴 수 없습니다.

강민수 지음

일하는 이유

어떻게 일할지 막막한 직장인을 위한 **일의 정석**

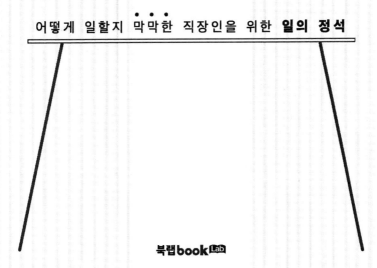

북랩 book Lab

✕

4차 산업혁명 시대의 크리스천 프로페셔널리즘

불확실한 미래의 시대를 살아가는 청년들, 특히 직장 초년생들에게 먼저 살아온 인생의 선배로서, 그리고 멘토로서 그들의 문제를 같이 공감하고 함께 고민하여 탁월함으로 세상을 변화시키기 위해, 도전하는 젊은 직장인 친구들과 JK아카데미 프로그램 [직장인 BASIC SKILL-일문일답]을 시작했다.

직장생활 초기 과정은 모든 사람이 거쳐야 하는 길이며 매일매일 어떤 목적을 가지고 살아가느냐에 따라 전혀 다른 목적지에 도달하게 된다. 그 과정은 어떤 멘토를 만나며 누구와 일하느냐에 따라 확연하게 달라진다.

이 프로그램을 시작하면서 같이 참여한 우리만이 아닌, 동시대를 살아가며 고민하는 직장인들에게 공감대와 솔루션으로 함께하고 싶어, 우리가 그동안 나누었던 솔직한 이야기들을 책으로 엮었다. 참여한 멘티들의 이슈와 문제를 가감 없이 멘토와 함께 풀어가면서 같이 공감하고 해결하는 살아있는 직장생활의 실무 이야기이며 경영 솔루션 서로도 쉽게 공감하고 풀 수 있는 내용이므로, 직장인들이 자신의 상황과 비교·접목해 가면서 다양하게 활용하면 옆에 멘토를 놓고 직장 생활하는 것과 같은 효과를 볼 것으로 확신한다.

특히, 대학생들에게 경영을 가르치는 교수로서의 이론적 지식, 실제 직장생활을 거친 선배로서의 경험, 각종 회사의 다양한 문제들을 접하고 풀어나간 컨설턴트로서의 실전적 지혜와 직장에서의 인간관계와 갈등, 그리고 아픔 등을 풀어나가는 오리진 멘토로서의 스킬을 참여한 멘티들에게 최대한 전해준 내용이 그대로 들어가 있는 멘토링 사례집이다.

이 책이 BASIC SKILL을 넘어 역량과 지혜를 더해 한 사람이라도 탁월함으로 세상을 리딩하고 변화시키는 "온전한 마음과 손의 공교함"을 갖춘 도전하는 젊은이가 되길 바란다. 책 내용에 성경 말씀이 다소 나오지만, 기독교가 아니더라도 직장생활을 하는 모든 이에게 해당하는 지식과 지혜가 있으니, 같이 공감하고 활용하여 성공적인 직장생활이 되길 바란다.

주변 환경과 세대에 휩쓸리지 말고 "한 사람이 변하면 세상을 변화시킬 수 있다."라는 믿음과 "우리가 상상하는 것이 곧 미래다."라는 자신감으로 새로운 당신의 미래를 "만들어" 가길 바란다.

2021년 10월 14일
남산타워 아래 JK아카데미에서 세상을 변화시키는 다음 세대를 세우는

김종빈, 전성미 멘토

프롤로그 ❷

✕

단 한 번뿐인 인생을 걸고 하려는 이 일은 무엇인가

신입사원 때 이야기

꿈에 그리던 취업을 했습니다. 흔히 대기업이면 안정된 사업구조, 상대적으로 높은 연봉, 비교적 괜찮은 사회적 지위 등이 보장되기 때문에 취업만 하면 소위 '젖과 꿀이 흐르는 곳'에서 편하게 살 것으로 생각했습니다.

그러나 그곳은 천국이 아니었습니다. 삶의 목표를 미처 정의 하지 않은 채 직장생활을 시작하다 보니 금세 우울과 무력감, 매너리즘이 찾아왔습니다. 그러던 어느 날, 축 늘어진 채 아무것도 하지 않는 제 삶에 문득 하나님이 찾아오셨습니다.

"네가 선 곳은 거룩한 땅이니 네 발에서 신을 벗으라." (출3:5)

그 순간 깨달았습니다. 결코 제가 선 '비즈니스'라는 이름의 이 땅은 어떤 운이나 우연으로 도착한 곳이 아니며 제 삶을 통해 하나님이 이루고 싶은 꿈이 있다는 것을. 그리고 되물었습니다.

"크리스천 직장인으로서 어떤 정체성과 비전을 갖고 하나님을 영화롭게 하며 살 것인가?"

탁월함을 향한 여정

이 책은 약 6개월 동안 크리스천 직장인들의 치열한 직장생활의 고민과 이슈에 대한 기록들을 담고 있습니다. 이 모든 것이 정답일 수는 없겠지만 우리만의 해답을 찾기 위해 노력했고, 일터에 적용해봄으로써 우리는 변화하고 성장할 수 있었습니다.

지성과 영성의 만남

세상의 많은 사람이 저마다 자신의 지성을 자랑합니다. 그러나 영성이 없는 지성은 결코 세상을 변화시킬 수 없습니다. 어떤 이들은 오직 교회에서의 일만이 거룩하고 하나님을 영화롭게 하는 것이라고 말합니다. 그러나 지성이 없는 영성은 공허합니다.

저는 이 책을 읽는 모든 독자가 세상을 압도하는 영성과 지성으로 자신의 일터를 하나님이 예비한 21세기 '新 가나안'이요 '하나님 나라'로 변혁시키는 주역이 되길 바랍니다. 그런 삶을 꿈꾸는 청년들에게 이 책은 실질적인 직장생활의 팁과 성경적 지혜를 말하고 있습니다.

크리스천 직장인으로 살아간다는 것

만일 팀 전체가 부득이 주일에 근무해야 하는 상황이라면 어떻게 하시겠습니까? 조심스럽지만 저의 발걸음은 직장으로 향했습니다. 예배가 중요하지 않아서가 아닙니다. 오전이나 저녁 예배가 있다면 당연히 참석하는 게 맞겠지요. 그러나 팀 전체가 나와서 일하는데 주일에는 일하지 않겠다고 한다면 성경에 나만 구원받았다고 말하는 바리새인과 무엇이 다른 신앙생활이겠습니까? 같이 일하는 단 한 사람도 감동시키지 못하는 인생이 무슨 세상 속에서 크리스천으로 선한 영향력이 있겠습니까?

직장생활은 결코 쉽지 않습니다. 더욱이 성경적 비즈니스맨으로 살아가는 사람들에게는 더욱 그렇습니다. 그렇기에 이 책의 중심에는 오직 해답인 예수 그리스도를 소개하고 있습니다. 저는 확신합니다. 하늘의 지혜로 이 땅의 문제를 풀어내며 세상을 바꿔나갈 사람, 오직 하나님 사람 바로 저와 당신뿐이라고.

"한 번뿐인 인생 속히 지나가리라. 오직 그리스도를 위한 일만이 영원하리라." - C.T. Studd

감사의 글

끝으로 이 책이 나올 수 있도록 열정적으로 섬겨주신 JK아카데미 김종빈, 전성미 멘토님과 바쁜 일정에도 먼 길을 달려와 참여해준 멘티들에게 진심으로 감사합니다. 아울러 현실적인 직장생활 조언과 경험을 공유해주신 박승찬 전략기획팀 팀장님, 건설적인 비판으로 편집 방향에 도움을 준 SSG.COM 정윤정 님, 매번 만날 때마다 새로운 영감을 불러일으키는 GS리테일 전승훈 님, 인격적인 리더십의 본을 보여주시는 티머니 윤존이 팀장님께도 감사의 말을 전합니다.

멘티를 대표하여

강민수 드림

저자(멘토/멘티) 소개

⚓ **김종빈 멘토**

JK아카데미 경영 멘토. 청년들이 탁월함으로 미래를 선도해 나가길 원하며 다음 세대를 세우는 멘토.

LG그룹 전략기획팀장, DSRI컨설팅 대표, 한국외국어대학교 겸임교수 역임. 대한민국 나눔 봉사 대상, 대한민국 혁신 경영인 대상 수상, 도서 「나의 길 나의 행복」 자수성가형 CEO 19인 선정.

⚓ **전성미 멘토**

JK아카데미 오리진(Origin) 멘토. 청년들이 자신의 오리진과 온전한 사랑으로 승리하며 살아가길 바라며 가슴앓이하는 멘토.

서울시 남북 청소년 통일 경제 멘토 위원. 청소년 상담/치유/멘토/가정세우기 전문가, 청년들을 위한 강의와 멘토링 활동 중.

✎ 강민수

정직하게 벌어서 세상에 가치를 더한다는 비전을 가진 비즈니즈맨. 영성과 지성을 겸비한 하나님의 사람들이 세상을 바꾸길 기도하는 사명가. 그 믿음의 사람들의 삶을 글로 기록하여 하나님을 영화롭게 하는 작가. *모빌리티 서비스 기업에서 근무 중. 저서「전심전력: 크리스천 청년들에게 보내는 편지」

✎ 유병욱

최대한 많은 사람의 가치를 발견하고 마음에 담아 믿어주는 후원자. 기술이 삶의 양식을 바꿔나갈 때 세상은 더 좋은 곳이 되고 있는지 검토해 봐야 한다고 생각하는 엔지니어. *자동차 부품 제조사에서 근무 중.

✎ 이하은

현실에 안주하지 않고 새로운 목표를 향해 도전하고 성장하기 위해 노력하는 사람. 고객과 회사의 동반 성장 모델을 고민하는 서비스 기획자. *교육 서비스 회사에서 근무 중.

✍ 박선진

이제는 누군가의 남편, 누군가의 아빠가 되고 싶은 아직은 싱글. 받은 것을 내려주어 각 사람의 가치가 빛날 수 있도록 도와주고 싶은 항해자. *JK아카데미 운영팀장으로 근무 중.

✍ 김연수

하나님의 지혜를 받아 영성과 지성을 갖춘 탁월한 사람이 될 수 있기를 기도하며 회사에서 일하는 것처럼 수능 공부를 했으면 의대도 합격할 수 있지 않았을까 생각하는 애기 아빠. *통신사에서 근무 중.

목차

Part 1 멘토 특강

Part 2 주제 토론

 Part 3 Case Study

부록

Part
1

멘토
특강

일터에서의 지성과 영성

만약 여러분이 반찬가게에 들어갔는데 주인이 다른 손님에게 악다구니를 부리고 있으면 어때? 그 가게 다시 가고 싶어? 일터에서의 우리 삶도 같은 것 아닐까? 사랑의 언어로 우리의 삶을 통해 복음을 전달하는 것. 그게 일터에서의 영성과 지성의 지향점이라고 봐.

지성과 영성의 정의

먼저 지성은 뭘까? 일반적인 지성은 학벌 또는 학력을 얘기하지. 그런데 여기서는 영성이 없는 것을 다 지성으로 봐. 직장에서의 모든 것들은 지성이지. 그렇다면 영성은 뭘까? 예수를 믿으면 다 영성이 있는 걸까? 다음 성경 본문을 통해 한번 살펴봤으면 좋겠어.

골로새서 3장 22-24절

22 종들아 모든 일에 육신의 상전들에게 순종하되 사람을 기쁘게 하는 자와 같이 눈가림만 하지 말고 오직 주를 두려워하여 성실한 마음으로 하라

23 무슨 일을 하든지 마음을 다하여 주께 하듯 하고 사람에게 하듯 하지 말라

24 이는 기업의 상을 주께 받을 줄 아나니 너희는 주 그리스도를 섬기느니라

먼저 "상전들에게 순종하되 사람을 기쁘게 하는 자와 같이 눈가림만 하지 말고" 이게 지성이라고 보는 거지. 그다음 "오직 주를 두려워하여 성실한 마음으로 하라 무슨 일을 하든지 마음을 다하여 주께 하듯 하고" 여기가 영성인 거지. 자 그러면 우리가 받은 직업적 소명에 따라 우리가 하는 모든 일이 주님의 일이라고 볼 수 있는 거야. 하나님이 우리에게 맞는 달란트를 주셨어. 그게 재능이잖아. 그걸 가지고 세상(직장)에서 주께 하듯 하라는 거지. 우리가 하는 일이 다 하나님을 위해서 하는데 거기에다가 주께 하듯 하면 영성이 들어가는 거야. 근데 교회에 가서 일하면 주님의 일이고 직장에 가서 일하면 주님의 일이 아니라고 많이 착각하는 것 같아.

크리스천의 지성

크리스천의 지성은 경쟁심이 아니라 경쟁력을 가져야 해. 지성을 가졌다는 얘기는 그 일을 할 수 있는 경쟁력을 가졌다는 것. 다른 말로 역량이지. 역량이 없는 크리스천은 자신의 일디를 경쟁심으로 접근해. 어떻게 해서든 남을 이기려고 시기하고 남 잘되는 거를 보면 막 짜증 내는 거지. 그런데 그럴 이유 없어. 우린 경쟁력을 갖추는 거야. 이게 우리 크리스천이 가져야 할 지성이라고 봐.

> "아무 일에든지 다툼이나 허영으로 하지 말고 오직 겸손한 마음으로 각각 자기보다 남을 낮게 여기고" (빌립보서 2:3)

크리스천의 영성

겸손한 마음으로 자기보다 남을 낮게 여기는 거 너무 어렵잖아. 그러니까 우리가 지성보다는 영성을 가져야 해. 지성도 중요하지만, 영성이 있으면 겸손해져. 왜 그럴까? 영성은 지성을 뛰어넘는 힘이 있어.

> "여호와를 경외하는 것이 지혜의 근본이요 거룩하신 자를 아는 것이 명

철이니라" (잠언 9:10)

여호와를 경외하는 게 지혜의 근본이라고 말하잖아. 하나님이
지혜를 주신다니까. 그래서 우리 같은 크리스천 직장인들에게는
영성이 필요해. 성령의 사람에게는 세상 사람들이 가지지 못하는
힘이 생기는 거야.

지성과 영성의 만남

"이에 그가 그들을 자기 마음의 완전함으로 기르고 그의 손의 능숙함으
로 그들을 지도하였도다" (시편 78:72)

영성은 하나님을 향한 완전한 마음이야. "나는 하나님의 아들이
고 하나님의 은혜 없으면 전적으로 살 수 없습니다." 이런 고백.
그리고 손의 능숙함은 지성이야. 예를 들어서 미용실에서 머리
를 깎아보면 알잖아. 남자들은 머리 깎을 때 졸잖아. 그러면 자꾸
똑바로 놓고 깎는 사람은 능숙하지 않은 사람이지. 그 사람은 제
대로 세워만 놓고 해야 해. 그런데 내가 기울어져도 어떤 사람은
안 깨우고 잘 깎아. 그게 손의 능숙함이야. 우리가 지금 애기히는

손의 능숙함은 정말 최선을 다하는 거야. 그런데 중요한 건 거기에 뭐가 더해지는 거야? 하나님의 은혜!

바울이 고백하잖아. 다른 사도들보다 정말 더 열심히 했지만, 이 모든 것 오직 하나님의 은혜로 할 수 있었다고.

> "그러나 내가 나 된 것은 하나님의 은혜로 된 것이니 내게 주신 그의 은혜가 헛되지 아니하여 내가 모든 사도보다 더 많이 수고하였으나 내가 한 것이 아니요 오직 나와 함께 하신 하나님의 은혜로라" (고린도전서 15:10)

지성을 뛰어넘는 영성으로

탁월한 실행을 위해서는 일반적으로 알고 있는 원칙을 실행하는 거야. 예를 들어 장사라고 하면 부지런하고 친절하고 정직한 거지. 누구에게나 적용 가능한 지성의 탁월함이야.

그런데 중요한 건 두 번째! 창조주 하나님과 교제하면서 그분의 철학, 가치관, 원칙에 맞게 일하는 거야. 이게 오직 성령을 받은 크리스천에게만 적용되는 영성의 탁월함이야.

내가 한 것에 하나님이 은혜를 더해주시는 거야. 이런 탁월함은 세상이 감당하지 못해. 그래서 영성을 가져야 하는 거야. 남들이 보지 못하는 걸 보게 되고 남들이 하지 못하던 일들을 하게 되고 남들이 불가능하다고 하는 것들을 이루어 낸다고. 여러분들이 그 영성을 가졌으면 좋겠어!

어떤 리더가 될 것인가?

일터에서의 크리스천 리더십은 세 가지가 필요해.

첫 번째, 영적인 리더십(Spiritual Leadership). 성령의 가르침대로 행동하고 일하는 성령의 사람이 되는 거지.

두 번째, 인격적 리더십(Humane Leadership). 다른 말로 예수님의 성품을 닮아가는 거야. 물론 어렵지. 그래서 매일 회개와 감사로 자신의 삶을 점검하는 게 중요해. "아 오늘 또 짜증 냈구나", "오늘도 하지 말아야 하는데 그 사람한테 상처 준 거 있구나."

세 번째, 전문적 리더십(Intellectual Leadership). 다른 말로 스페셜리스트(Specialist)가 되는 거야. 직장에서 보통 상사가 자주 얘기하잖아. "그 일이면 우리 OO한테 물어봐." 어떤 분야의 전문가로 자리매김하는 게 중요하다고 봐.

조 부장 이야기

"예수를 믿으려면 조 부장 같이 믿어라."

내가 LG 있을 때 그때 회장님이 그랬어. "야 예수를 믿으려면 조 부장 같이 믿어라." 진짜 탁월하고 진짜 일 열심히 하는 그런 분이었어. 크리스천이라면 일 잘해야 해. 사실 이건 어쩌면 당연한 거야. 아니 영성을 가지고 주께 하듯 죽기 살기로 자기 일을 하는데 잘 안될 수 있을까? 이분도 하루에 세 번밖에 안 일어났어. 아침에 커피 마시러 나갈 때, 점심때, 퇴근할 때. 딱 세 번. 그리고 토요일 퇴근하면서 이렇게 얘기하는 거야.

"주일 날 트윈타워가 무너지지 않는 한 나한테 전화하지 마라."

이런 사람이 남들한테 선한 영향력을 끼치는 거잖아. 일 잘하는 목적이 뭐야? 월급? 많이 받으면 크리스천이야? 진급? 빨리 진급하면 크리스천이야? 그건 아니잖아. 나는 그런 걸 뛰어넘어야지 '영성'이라고 봐. 궁극적으로 세상 사람들이 우리 삶을 보고 "야 나도 예수 믿고 싶다." 이런 말 듣는 게 우리 삶의 목적 아냐? 우리가 직장에서 지성과 영성을 갖추는 목적이 나는 이거라고 생각해.

성경에 보면 백부장 고넬료[1]의 얘기가 나와.

"그들이 대답하되 백부장 고넬료는 의인이오. 하나님을 경외하는 사람이라 유대 온 족속이 칭찬하더니." (사도행전 10:22)

백부장 고넬료는 이방인이야. 근데 유대인들이 다 칭찬한대. 심지어 그의 하인 입에서 저 말이 나왔어. 그래서 나는 우리가 직장에서 이런 소리 들어야 하는 거 아닐까? 라고 생각해. 바로 여러분이 이런 사람 됐으면 좋겠어.

일상에서의 영성 훈련

사실 나도 매일 영성이 흔들려. 왔다 갔다.

그래서 매일 정해놓은 원칙은 아침에 일어나면 세상 것보다 성경으로 내 머리를 깨우는 거야. 성경 안 읽으면 그날은 신문이나 뉴스도 안 보는 거야. 두 번 이상 안 보면 "나는 하나님한테 게으른 놈이다." "성실하지 않은 놈이다."라고 말해. 그리고 저녁에는 가정예배를 드려.

또 하나는 매일매일 하나님한테 물어봐. "하나님 이거 어떻게 해야 해요?" 나는 물어보는 게 중요하다고 생각해. 만약에 안 묻고 하면 하나님은 어떤 분 되는 거야? 내가 저지른 거 처리해주는 분 되는 거야.

영성은 인스턴트가 아니야. 철저한 훈련의 시간이 필요해. 나는 여러분이 청년기에 힘들더라도 영적 훈련도 게을리하지 않았으면 좋겠어.

---

1) 이방인으로서 하나님을 경외한 로마 군대의 백부장. 가이사랴에 주둔하던 부대의 지휘관으로서, 기도와 구제로 하나님과 이스라엘 백성들에게 의로운 자로 인정받던 인물이다. (출처: 라이프성경사전)

Part
2

주제
토론

일(Work)

일을 잘하는 것을 정의하는 건 쉬운 것이 아닙니다. 각자가 일하는 환경, 직무, 경험 등에 따라 다양하게 정의할 수 있기 때문입니다. 그러나 일을 잘한다는 것에 대한 우리만의 정의를 내리고 그 정의한 대로 각자의 일터로 돌아가 삶을 살아내기 위해 치열하게 노력했습니다. 그 결과물이 여기에 정리되어 있습니다.

일하는 이유

1. 일을 잘한다는 것은 무엇인가.

박승찬 팀장ㅣ 저는 분별하고 타이밍이라고 생각해요. 성실함 이런 것도 기본적으로 필요하지만 센스하고 타이밍 안에는 효율성이라는 단어도 좀 들어가고 또 좋은 관계도 있습니다. 평상시에 관계가 좋아야지만 타 부서하고도 소통도 잘 될 테니까요. 센스는 번뜩이는 아이디어 또는 일의 맥을 딱 짚어서 우선순위에 맞춰 일을 처리해 내는 능력이 될 수 있어요.

유병욱ㅣ 저는 이렇게 정의할 수 있을 것 같아요.

> 1. 같은 테스크를 남들보다 빨리할 수 있는 것
> 2. 산출물이 수정을 덜 겪어도 될 정도의 퀄리티가 있는 것
> 3. 자신의 기분이나 컨디션에 따라 영향을 받는 게 아니라 항상 일정 수준의 퍼포먼스를 발휘하는 것

IT에서는 굉장히 많은 업무가 표준화, 정량화되어 있어요. 그래서 개발자들이 같은 테스크를 하는 데 얼마나 시간이 걸리는지 나와요. 사실 IT 쪽은 지금 학벌 이런 게 전혀 소용이 없어요. 실력이 정말 발가벗겨지는 곳이거든요.

저는 사실 엔지니어이기 때문에 어떤 정량적인 아웃풋들이 이

사람이 얼마나 일을 잘하고 있는지를 직간접적으로 평가할 수 있는 지표들이 있다고 생각합니다. 일은 사실 누군가가 돈을 주고 시킬 만한 어떤 행동이라고 생각하기 때문에 일을 잘하는지 아닌지를 객관적으로 측정하고 평가하는 것은 매우 중요하죠.

성실함에 대해서는 조금 의문이 있습니다. 과거 우리가 카피 제품들을 만들던 그때가 사실 보통 성실함이라는 게 굉장히 접목됐었던 시대였고 갈수록 성실함은 중요하지 않을 겁니다. 단순 반복적인 것들은 사실 AI가 많이 잠식할 거라고 봐요.

김종빈 멘토 성실함은 신입사원한테나 요구되는 거잖아. 왜냐하면 신입사원들은 성과를 측정할 수 없으니까. 그런데 이제 성실함이 언제 척도에 오르냐면 자기 일을 제대로 수행하지 못할 때 이런 말이 나오지.

"얘는 성실하지도 않은 놈이…"

일을 잘할 때는 얘기를 꺼낼 수가 없어. 나는 일 잘하면 늦게 오고 일찍 가고 별로 상관없어. 일을 제대로 못 하니까 "너는 시키는 일도 못 하면서.", "근태도 제대로 못 하는 놈이 뭘 하겠어." 이렇게 나오는 거지. 만약에 자기가 성실함으로 첼린지를 받는다? 그러면 매니저가 보기에 내가 성과를 못 내고 있다고 생각하면 돼.

박선진 | 저는 먼저 목적을 생각하면서 하는 게 일을 잘하는 것. 두 번째는 마감일을 무조건 지키는 것. 세 번째는 일했을 때 아웃풋이 나오도록 하는 것. 그리고 마지막으로는 즐기면서 하는 사람이 일 잘하는 것 같아요.

김연수 | 사실 제 경험으로는 사람들이 얼마나 나를 많이 찾냐 또는 위의 분들이 나를 얼마나 많이 부르냐가 잘하는 것의 기준인 것 같아요. 그러기 위해서는 시간을 많이 투자해야 하죠. 엉덩이 무거운 사람은 못 이긴다는 말이 있잖아요. 남들보다 두세 시간 더 집중해서 성과가 더 좋게 나온다거나 보고서의 퀄리티가 남다르다면 다시 한번 더 찾게 되는 거죠. 저는 그래서 사원 때 한 2년 정도는 일주일에 2~3일은 밤을 새웠던 것 같아요. 나중에는 위의 분들은 저만 찾더라고요. 주변 사람들도 얘가 되게 독하게 하는구나 말하게 되고 그러면서 일을 잘한다는 소리를 들었지 않았나 싶습니다.

강민수 | 저는 한 마디로 '일과 싸워서 지지 않는 것'이라고 표현하고 싶어요. 자신이 맡은 일은 자신의 모든 역량과 인맥 등을 동원해서 해내는 거죠. 자신도 놀랄 만큼의 시간과 에너지를 쏟아부어서 해내는 것, 그게 일을 잘하는 거 아닐까 싶어요. 물론 자신이 가진 시간과 에너지는 한정된 자원이니까 효율적으로 사용해야겠지만

이렇게 일을 하고 나면 한 단계 더 성장할 수 있으므로 이후에 같거나 유사한 일을 할 때는 그렇게까지 힘들게 하지 않아도 돼요. 저는 이렇게 일하는 친구들은 일에 대한 주인의식과 리더십이 있다고 생각해요. 그 일을 주도적으로 끌고 갈 수 힘이 생긴 것이죠.

그다음에는 일의 우선순위를 이해하고 실행하는 것이죠. 스티븐 코비의 시간 매트릭스에서 볼 수 있듯이 항상 일은 우선순위가 존재하고 그걸 원칙에 맞게 정리해서 업무를 진행하는 거죠. 만일 우선순위 결정이 어려운 경우 자신의 상급자에게 해당 이슈를 정리해서 보여준 뒤 의사결정을 받고 나서 업무를 진행하는 것도 방법입니다.

시간관리 매트릭스

	긴급	긴급 ✕
중요	**A** 영역(문제/과제 영역) *긴급|중요 우선순위 1 (즉시처리)	**B** 영역(중장기 계획) *긴급✕|중요 우선순위 2 (계획수립/기한설정)
중요 ✕	**C** 영역(중요 활동으로 오해) *긴급|중요✕ 우선순위 3 (축소/위임)	**D** 영역(불필요한 영역) *긴급✕|중요✕ 우선순위 4 (제거)

박승찬 팀장 | 사원 때야 아무래도 빨리 업무처리하고 데이터 가공 잘해서 보고서 잘 쓰는 능력이 중요하지만 결국 나중에는 올라갈 수록 중요한 건 의사결정 능력이에요. 그래서 저는 넓게 보는 훈련을 많이 했거든요. 그래서 이게 우리 회사에 강점이 될 건지, 아니면 약점이 될 건지 많이 생각했던 것 같아요. 그리고 경쟁사가 어떤 일을 하는지 항상 관심이 있어요. 경쟁사에 다니시는 분들하고도 연락하는 게 저의 중요한 역할이라고 생각해요.

2. 어떻게 일해야 하나?

강민수 | 최근에는 주 52시간 근무제도가 자리 잡히면서 조직 생활에 많은 부분을 변화시켰어요. 그래서 저는 소위 '관리의 시대'에서 '자율의 시대'로 변모한 것이라고 보는데요. 상사가 더는 일일이 이래라저래라 간섭하고 관리할 시간 자체가 없어지는 것이죠. 적지 않은 회사들이 사내교육을 없애는 이유와 같은 이치죠. 지금은 스스로 배워 역량을 길러나가야 하고 주어진 시간 내에 성과를 내야만 하는 시대에요.

김연수 | 그래서 좀 문제가 있어요. 저는 지금까지 '불금'이 없는 게 금요일 날 퇴근하고 나면 몸이 지쳐버리는 거예요. 이제 저희는 주 52시간제도가 정립되어서 시간을 꽉 채우고 있어요. 집에 가면 쓰러집니다. 뭔가를 하는데 이게 지쳐버리니까 약간 회사에 대한 회의감이 많이 들더라고요. 남들 이상의 일을 하는 것 같은데 결국에는 이것 때문에 내 일을 못 한다고 생각해버리니까 속상한 그런 상태입니다.

김종빈 멘토 | 나도 예전에 일을 엄청나게 늦게까지 했어. 전략기획 팀장 할 때 회의를 온종일 쫓아다니면 마지막에 나 혼자 밤에 남아서 다 검토하고 가야 해. 그런데 위에 있는 사람은 날 새지 말라고 매일 얘기를 하는 거야. 근데 안 셀 수가 없어.

그런데 이제는 그게 안 통하는 거잖아. 그러면 일에 대한 퀄리티를 생각해 보자는 거지. 회사에 나와서 내가 해야 할 일을 정확하게 업무 시간 동안 집중해서 일하면 충분히 할 수 있어.

또 하나가 중요한 게 뭐냐면 일을 탁월하게 하려면 출퇴근할 때 항상 머릿속에 일을 생각하고 있는 거. 일의 주인 의식은 내가 해야 할 일들을 머릿속에 자꾸 넣고 그걸 풀어나가는 거지. 가령 "어떻게 하면 이걸 해결할까?" 그런 사람들이 일을 탁월하게 하는 거거든. 그러면 근무 시간 내에 일하는 걸로 할 수 있어. 당연히 근무 시간 외에는 문을 닫아야지. 연장근무 하는 건 회사도 손해야. 왜 한 사람 때문에 불 켜고 에어컨 돌아가야 해. 왜 너는 똑같이 남들하고 하는데 늦게까지 남아서 하냐고 한 소리 듣고 그러면 이제 집에 가서 하는 거잖아.

우리가 잘 생각해 보자. 담배 피우러 갔다 오고 어디 가서 잡담하고 오고 이러면 생산성이 60%, 70%밖에 안 되잖아. 거꾸로 얘기하면 진짜로 집에 갈 때 너무 열심히 일해서 기어가야 해. 집에서 한 시간 정도 쉬고 워라밸 해야지. 근데 집에 갈 때 쌩쌩하잖아? 그 정도로 우리가 회사에 가서 진짜 집중해서 일하면 충분히 시간이 남을 때도 있어. 그러면 일찍 가도 돼. 해야 할 일이 딱 끝나면 집에 가는 거지. 4시면 어떻고 5시면 어때. 뭐 하러 쓸데없이 앉아 있어? 대신에 자신 있는 거지. 집에 가면서 업무 전화하고 일에 대해서 고민하는 거지. 몸이 회사에 있는 게 중요하지 않다니까. 어제 과음해서 어떤 친구는 머리는 비워두고 회사에 앉아만 있어. 그건 뭐야? 머리는 집에 있는 거잖아.

탁월함의 정의

회사에서는 사원. 대리, 과장, 팀장, CEO 이렇게 있잖아. 일단 우리가 일을 잘한다 그러면 역할과 책임을 다하는 거지. 사원한테는 사원에게 필요한 역할을 주잖아. 사원한테 과장 일을 주지는 않는단 말이지.

그런데 잘한다는 얘기는 같은 직급의 사람보다 한 단계를 위의 일을 하는 거지. 사원이 대리 정도의 일을 수행해내는 거야. 대리는 과장, 과장은 팀장, 팀장은 임원의 일을 하는 거지. 일을 시킨 사람보다 위에 있는 사람의 관점에서 일을 처리할 수 있으면 역량이 뛰어난 거야. 예를 들어, 사원이 사원 일 하는 거는 이거는 당연한 거야. 사원이 대리 일을 하면 일을 잘하는 사람이지.

그런데 탁월한 사람은 뭘까? 팀장이 대리한테 일을 시켰는데 대리가 임원의 생각으로 일을 해내는 거야. 그럼 팀장이 그 친구를 두려워하지.

"야, 이건 내가 생각지도 못했던 건데."

이게 탁월한 거지. 어떤 친구들은 납기도 못 맞히고 말귀도 못 알아듣고 어디까지 해야 하는지도 모르는 친구들이 있어. 그건 진짜 일 못 하는 친구. 걔는 몇 번 하다가 일을 안 주지. 일을 줄 수가 없어. 왜냐하면 바쁘니까. 옛날엔 가리키면서 했어. 왜? 그렇게 스피디하게 진행되지 않았기 때문에 시간이 있었어. 그런데 이제는 굉장히 빠르거든. 그 친구를 교육할 시간이 없는 거야. 결국 바뀌지 않으면 바로 낙오되는 거지.

품질과 일을 잘하는 것의 관계

품질이라고 하면 불량이 생기지 않는 것은 기본(Must)이라고 보잖아. 이게 리더가 밑에 사람한테 일을 시키는 것과 비슷해. 만약에 위 사람이 일을 시켰으면 일단 불량이 생기지 않아야 해. 우리 때는 보고서에 불량이 생겼으면 막 찢어버렸어. 그런데 요즘 품질은 고객의 요구 수준을 뛰어넘는 거잖아. 설계대로 나온 거는 머스트이지만 고객의 기대 수준을 뛰어넘는 품질을 만들어 내면 소비자들이 반응하는 거잖아.

"야, 이게 10만 원짜리인데 100만 원 같은 역할을 하네."

그런 기대 수준을 뛰어넘는 일들이 종종 있을 때 우리는 그 제품과 서비스를 다시 보잖아. 그렇다면 일 잘한다고 보는 것도 같지 않을까? 그래서 나는 품질과 같다고 생각해

직장에서의 리더십

어떤 친구가 프로그램 개발자로 회사에 입사했어. 근데 팀장이 그 친구를 보니까 인사도 잘 안 하고 그런다고 뭐라 하더라고. 그래서 그 팀장을 불러서 일은 잘하느냐고 물었어. 그러니 잘한대. "그러면 됐지. 야, 무슨 군대도 아니고 네가 먼저 인사해." 옛날부터 내가 오래 다녔고 직책이 뭐라고 얘기하는 사람들한테 나는 이렇게 얘기해. "그 오래 다니는 게 자랑이야?" 나는 항상 말하거든. 오래 다닌 게 자랑 아니라고. 오래 다닌 게 자랑이 되려면 리더십을 보여줘야지.

시간 관리

솔직히 업무 퀄리티가 95%나 98%나 별 차이가 없는데 그걸 좀 더 하겠다고 한 시간 끌어 잡고 있다면 머리 쥐 나는 거잖아. 내 생각엔 그냥 90% 정도만 해놓고 내일 아침에 다시 생각해 보고 업데이트하는 게 더 낫지 않느냐라는 거지.

이게 시험 보는 거랑 나는 똑같다고 봐. 꼭 마지막 두 문제가 헷갈리잖아. 그걸 꼭 종 칠 때까지 붙잡고 있어 봐야 안 풀려. 그리고 꽉 찍었는데 틀리잖아. 그냥 마음 편하게 침착하게 풀어나가면 안 될까 이거지. 항상 마지막에 급할 때 하면 다음을 준비하지도 못하고 제대로 쉬지도 못하는 거잖아. 그래서 시간을 딱 정하고 일하는 습관을 기르는 게 중요해.

성과 중심의 업무처리

일할 때는 집중해서 하고 돌아다니거나 화장실에서도, 그리고 출퇴근할 때도 얼마든지 생각할 수 있잖아. 뭐든지 아웃풋 중심으로 일하면 효율적으로 일할 수 있는 거야.

책을 볼 때도 막연하게 지식을 쌓는 게 아니라 다음에 이걸 써먹을 수 있겠다고 보는 것하고는 집중의 강도가 다르다니까. 책도 다 볼 필요 없이 필요한 부분만 골라서 보는 게 필요하다고 보는 거야.

3. 주인의식을 가진다는 것은 어떤 의미인가?

강민수 | 직장생활을 하다 보면 심심치 않게 들리는 말이 있습니다. "이게 네 돈이라면, 이게 네 사업이라면 이렇게 일할 거야?" 저는 이런 종류의 말들이 회사에 주인의식을 가지라는 말로 들렸고 특히 조직보다는 개인의 개성과 자유를 중시하는 MZ세대에게는 와닿지 않는 얘기라고 생각했습니다. 다른 분들은 어떻게 생각하세요?

김연수 | 일하면서 일종의 성취감을 느끼지 않습니까? 업무의 범위도 넓어지고 내가 아는 게 많으면 저절로 주인의식을 갖게 되는 것 같아요. 일에 몰입하게 되면서 갖게 되는 거지 내가 그런 의식을 가져야겠다고 생각한 적은 없는 것 같고요. 근데 문제는 같이 일하는 동료들에게 주인의식을 갖게 하고 싶은데 이거는 쉽지 않더라고요. 나랑 생각이 다르고 같이 가치관이 다르니까. 남한테 시키는 거는 매우 어렵더라고요.

박승찬 팀장 | 회사에 주인의식 강한 사람이 항상 문제를 일으키더라고요. 그래서 주인의식은 정말 안 맞는 말이라고 생각해요. 지나치게 마치 회사가 자기 것인 양 주인의식이 강한 임원들도 보면 꼭 퇴직할 때 안 좋나라고요. 팀장들도 그렇고 회사에 대한 주인 의식

은 없는 게 좋은 것 같습니다.

전종빈 멘토 | 나는 우리가 잘못 배운 것 같다고 얘기해. 주인의식은 내가 회사의 주인이라는 얘기가 아니라니까. 내가 왜 사장 같이 일해야 해? 주인의식 앞에 '일'을 쓰라니까. 회사의 주인 의식이 아니고 일의 주인 의식이야. 자꾸 그걸 착각하면 안 돼. 내 일을 내가 책임지고 일한다는 얘기가 주인의식이지. 누가 뭐라 얘기해도 "이건 내가 책임질 거야, 이건 내가 한 거야." 이런 것들이 주인의식이거든. 자 하나는 정리해 줄게. 일에 대한 주인의식이지 회사에 대한 주인의식은 아니야. 회사가 안 좋고 그러면 빨리 옮겨야지 왜 거기에 있어. 내 일을 가지고 다른 데로 가서 더 가치 있는 사람하고 일을 해야지. 그렇잖아. 그래서 일에 대한 자부심이지. 내 것을 찾는 거야.

4. MZ세대를 위한 직장생활

강민수| 요새 직장에서 사원, 대리급 친구들을 밀레니얼 세대라고 합니다. 이들한테는 일과 삶의 균형, 개인의 자유와 개성 등이 중요해서 일터에서의 삶과는 명확하게 경계 짓거나 직장은 단순히 '먹고 사는 일'에 지나지 않는 경우가 많은 거 같습니다. 임원이나 대표이사는 더는 그들의 삶에 꿈과 목표가 되지 않고 코인이나 주식 등에만 관심 있는 것 같아 한 편으로는 답답한 면도 있습니다. 저는 하나님이 주신 직업적 소명과 일터를 소중히 여기며 '이 산지를 내 것으로' 취하는 영적으로 깨어있는 크리스천 직장인이 많았으면 좋겠습니다.

전성미 멘토| 지금 밀레니얼 세대가 소위 '소확행(소소하지만 확실한 행복)'이라고 하잖아요. 저는 다른 의미에서 정말 작아졌다는 생각이 많이 들어요. 중요한 건 자기가 자기를 바라보는 게 아주 작아졌다는 거.

지금 밀레니얼 세대가 자기 자신을 정확하게 잘 모르는 것 같아요. 사실 우리는 이 땅에 단 한 사람이자 자신만의 오리진(Origin)을 가진 엄청난 존재거든요. 이걸 자기가 아는 만큼 적용을 하는 거에요. 그리고 이게 일과 사랑, 가정까지 이어져요. 그래서 안타

까운 거예요.

유병욱 | 과거 한강의 기적 시대를 보면 직원들이 열심히 일하면 회사가 성장하니까 나중에 계열사가 분리할 때 이제 열심히 일하던 부장이랑 과장을 계열사 사장 시켜서 어떤 부귀영화를 누리게 되는 그런 일들이 반복됐었는데 지금은 사실 훨씬 더 세상이 복잡하고 빠르게 변하거든요. 이런 기적이 잘 일어나지 않죠. 그래서 MZ세대가 작아진 거 아닐까요?

김종빈 멘토 | 그때도 열심히 하는 사람들은 사장이나 임원이라는 자기 목표가 있어서 열심히 한 거고 어떤 사람은 "야, 일찍 진급하면 일찍 그만두는데 뭘 그렇게 열심히 하냐? 나는 늦게까지 부장하다 끝낼 거야." 이렇게 사는 사람도 많았거든. 게다가 그 당시에는 지금보다 갈 자리가 되게 많았음에도 불구하고 회사를 잘 안 옮겼단 말이야. 안정이라고 하는 걸 되게 많이 추구했어.

사회 분위기가 굉장히 뭐랄까 한 번 들어가면 직장에 내가 거기서 적응하고 잘 다녀야 한다는 전체주의적인 게 되게 많았고, 회사의 소속감이라는 것도 되게 중요했고, "너 어디 다니냐?"가 되게 중요했던 시대야. 이제는 어디 다니냐가 아니라 뭘 하느냐가 중요해졌잖아.

유병욱 | 네, 말씀하신 것처럼 전체주의적 사고에서 합리적인 사고로 넘어가고 있어요. 이제는 정말로 그런 어떤 권위(파워)라는 것은 자기의 업무 능력과 인사이트에서 나와야 하는 시대고, 나이나 직장경력에서 나오지 않는다고 생각해요.

이제 점점 복잡도가 올라가고 변화의 빠르기가 빨라졌다는 말씀을 드리고 싶어요. 예전에는 좀 보였어요. 그래서 이미 경험이 있는 사람이 문제를 해결할 수 있는 그런 상황이었는데 지금은 사실 그때의 지혜가 안 통해요. 사실 답 자체가 계속 변하고 있어서 어떤 경험이 레퍼런스가 되지 못하는 상황이 되고 있죠.

과거와 달리 이제는 역할도 다양해졌단 말이에요. 내가 가장으로서 돈을 벌어 왔으니까 나는 내 역할을 다했어. 이게 안 된단 말이에요. 퇴근하면 남편의 역할을 해야 하고 이런 식으로 역할이 굉장히 다변화됐어요. 결국엔 회사와 내가 점점 일치될 수 없는 상황이 됐어요.

박선진 | 우리 시간의 대부분을 직장에서 보내잖아요. 그 시간 동안 무의미하게 보내는 것보다 내가 비전을 갖고 뭔가를 하고 싶다는 생각으로 뛰어들면 자신의 인생이 더 좋아질 텐데 꼭 삶과 일을 분리해야 하나라는 생각이 들어요.

지금 많은 사람이 생각하는 게 삶과 직장을 완전히 분리해야 된다고 생각을 하고 있더라고요. 하루에 절반이 넘는 시간을 쓰는데 왜 자기의 비전을 위해서 살지 않는지 모르겠어요.

그리고 우리는 젊으니까 상대적으로 직장생활을 오래 하신 분들 보다는 전문성이 떨어지겠죠. 그럼 당연히 내가 익숙해질 때까지 시간을 투자해야 하는 건 맞잖아요. 진짜 많은 노력이 필요해요.

김종빈 멘토ㅣ 그건 네가 아직 결혼을 안 해서 그래! 하하.

유병욱ㅣ 왜 우리 세대가 직장생활에 몰입하지 않는가. 저는 상대적으로 기대치가 없어서라고 생각합니다. 이미 경제가 팽창하며 성장하는 시대는 저물었고 인구통계학적으로 초고령화 사회예요. 사실 인구상 성장할 수가 없는 나라가 되었죠.

이때까지의 자산 가치 증가 속도가 임금 증가 속도보다 훨씬 높아서 자식 세대들이 부모 세대보다 더 가난할 것이라는 게 이미 기정사실화돼 있고요. 본인이 되게 능력이 있어도 월급의 반 이상은 세금으로 내야 할 확률이 되게 높아요. 그래서 자신이 일을 열심히 해서 일신의 양명을 누리겠다는 기대감이 현격히 떨어졌다고 생각을 해요.

김종빈 멘토ㅣ 그것도 통계상의 숫자 아닐까? 예전에 내가 배울 땐 55세가 끝이었어. 그런데 고령 인구가 많아지니까 정년이 연장되고 경제활동 하는 인구가 지속해서 늘어나고 있지. 내가 지금 60이 거의 다 돼 가는데도 생산에 참여하고 있잖아.

5. 스트레스 관리는 어떻게 해야 하나요?

강민수ㅣ 저는 최근에 스트레스를 좀 받아서 왼쪽 얼굴에 안면마비가 왔어요. 사실 회사에서 누구도 저에게 책임을 지라고 하는 사람은 없어요. 그래서 개인적으로는 '대리'직급에 대해서 참 만족하고 있거든요. 마음대로 생각하고 준비해서 일해볼 수 있으니까.

그런데 자꾸 욕심이 나는 거예요. 조금만 더 하면 더 나은 퀄리티나 성과를 낼 수 있을 것 같은데 하면서 제 체력과 에너지를 쏟아부은 거죠. 그러다가 과도하게 스트레스를 받은 거 같아요. 그런데 이런 상황이 되니깐 일에 대한 의욕이 확 꺾이면서 회의감이 들었어요. 사실 제가 경험이 없었기 때문에 이런 상황에 유연하게 대처하지 못했을 수도 있고 체력과 에너지를 효과적으로 분배하지 못했다는 아쉬움도 있어요.

박승찬 팀장 | 스트레스 조절을 잘못하면 이게 다운이 굉장히 심하게 되잖아요. 어쨌든 우리가 직장생활 한 20년, 30년 이상 하려면 그런 부분에 대해서 정신적으로 훈련이 좀 필요한 건 것 같아요. 이런 게 다 한 번씩은 와요. 한 사람이 끝까지 승승장구할 수는 없어요. 성격도 성향도 있고 하니까 힘들지만 조금씩 이렇게 완급 조절하는 게 지혜인 거 같아요.

김종빈 멘토 | 그게 원래 탁월함을 추구하는 사람들이 마지막까지 완벽하게 하고 싶어 해서 그런 거야. 욕심이 자꾸 나니까. 그런데 그런 부분들이 지금은 좋은데 나중에는 안 좋을 수도 있어. 쉽게 얘기하면 95%도 사람들이 만족하는데 왜 굳이 98% 하려고 노력하느냐 이거지. 이걸 잘 조절할 수 있어야 해.

경영학에서 공정성 이론 있잖아. 남들은 다 90% 정도 일하고 있는데 만약에 네가 지금 120% 했어. 그런데 평가는 똑같이 했어. 그러면 다음부터는 어떻게 할 거 같아? 맞아. 그다음부터는 일을 덜 하는 거야. 인정받지 않으면 막 성질나기 시작하는 거지.

게다가 남들은 90% 유지하는데 너 혼자 120% 갔다가 80%도 가고 왔다 갔다 한다니까. 결국 네 페이스를 잃어버리는 거야. 계속 120% 할 수 없다니까. 그런데 80% 떨어졌을 때 상관한테 딱 걸리면 어때. "얘가 요새 왜 일을 이렇게 하지?" 이러잖아. 그러면 스트레스 또 받지. 딱 95% 정도로만 꾸준히 해. 그게 지혜로운 거야.

강민수ㅣ 사실 저는 제가 만든 산출물이 만족스럽지 않으면 스스로 용납이 잘 안 되는 편이에요. 사람들의 인정에 대한 욕심도 없는 건 아니지만 그 이전에 제가 만든 산출물에 대한 보람과 만족감 같은 거죠. 남보다 기준이 높다고도 할 수 있어요. 그래서 끊임없이 하나님께 지혜를 구하는 거예요. 제 힘으로는 문제를 온전하게 풀어낼 수 없다는 걸 누구보다도 잘 아니까.

김종빈 멘토ㅣ 하나님께 지혜를 구하고 문제가 있으면 기도하면서 묻고 또 묻는 건 좋은 자세야.

그래도 만약에 상관이 네가 일을 열심히 하는데 그렇게까지 하지 말라고 말한다면 왜 그럴까를 생각해 봐야 해. 상사가 볼 때 지금 하는 일이 그렇게 중요하지 않을 수 있어. 별로 중요하지도 않고, 그렇게 의사결정에 영향을 주는 것도 아닌데 네가 몸까지 축내면서 그러니까 아끼는 마음에서 그렇게 얘기하는 거야. 남들보다 조금만 앞서가면 돼. 조금만 잘해도 튀어. 힘을 비축해. 그게 지혜야.

직장생활은 장거리 게임

자신의 체력과 능력을 넘어서서 과도하게 일하고 지나치게 열심히 하는 태도는 추천하고 싶지 않다. 물론 밤을 새워가며 일해야 하는 시기가 있다. 그러나 단순히 자리에 오래 앉아 있는 것이 회사를 향한 자신의 로열티를 표현하거나 스스로 위로하고 정신승리를 위한 것이라면 분명 잘못된 선택이다. 왜 남들과 달리 유독 당신만 회사에 남아 있는가. 자신의 에너지와 체력을 효율적으로 사용하면서 꾸준히 성과를 내는 사람이 유능한 사람이다. 장기전에서는 이게 승리를 위한 지름길이다.

역량(Competency)

1. 업무 역량은 무엇인가?

김종빈 멘토 | 능력이라고 하는 거는 그 일을 해내는 힘이지. 스킬, 지식 등을 총칭하는 말이고 역량은 높은 성과를 창출하는 사람들로부터 일관되게 나타나는 특성이 있어. 그 특성을 우리는 역량이라고 보지. 능력은 어느 정도 직급, 경력 이런 것들로 평가를 받지만, 역량은 그런 걸로 평가받지 않아.

핵심역량은 역량 중에서 내가 남들보다 더 잘할 수 있는 거야. 나를 나 되게 하는 거거든. 지식 가지고는 역량이 안 돼. 지식은 스킬(Skill) 이거든. 누구나 배우면 그대로 할 수 있는 거잖아.

그러면 지식을 넘어서 우리가 필요한 게 뭐야? 지혜! 지혜는 뭘까? 문제를 해결하는 힘이야. 우리는 영적인 사람들이니까 영적인 지혜가 필요하지. 고민해야 하고 영감도 있어야 하고 그 분야에 전문성도 있어야 해. 그랬을 때 우리가 하나님으로부터 받는 지혜가 있고 이것으로 세상 사람보다 탁월해질 수 있어.

세상의 문제를 세상의 방법으로 푸는 거는 세상의 지식이야. 이건 남들도 다 풀 수 있어. 시간이 지나면 다 풀려. 그런데 문제는 정말 우리가 기업에서 해결되지 않는 문제들까지도 해결되는 것. 그게 우리가 믿는 하나님이 주는 탁월함이라고 하는 거지. 좀 더 구체적으로 "세상의 문제를 하나님의 지혜, 하나님의 시각으로 푸는 거야."

"진실로 너희에게 이르노니 무엇이든지 너희가 땅에서 매면 하늘에서도 매일 것이요 무엇이든지 땅에서 풀면 하늘에서도 풀리리라" (마18:18)

2. 자신의 역량 수준을 어떻게 평가할 수 있나?

강민수 │ 저는 회사 내에서 비교적 다양한 업무를 맡아서 일했어요. 제 주변 동료나 리더분들은 제가 일은 잘하고 있다고 말씀해요. 작은 일에도 정말 최선을 다하고 리더의 고민을 임원의 눈높이에서 같이 해결하기 위해 부단히 노력했어요. 그런데 동시에 경력직으로 입사하신 분한테는 이런 피드백을 들은 일도 있어요. "제가 회사에서 본 사람 중에서 똑똑하지만, 밖에 나가면 별로 경쟁력이 없습니다." 그분 관점에서는 제가 가진 역량을 충분히 활용하지 못하고 있다고 판단을 하신 거고요. 제가 한 일에 대한 결과물은 똑같은데 다른 해석을 내놓은 거죠. 그래서 사실 제가 가진 역량이 괜찮은 건지, 어떤 기준으로, 어떻게 판단하고, 평가할 수 있는지 궁금해요.

박선진 | 당연히 리더들은 잘한다고 하시지 않을까요? 동기부여를 해줘야 하니까. 만약에 상관이 칭찬하면 겸손하게 받아들이면 될 문제인 거 같네요.

박승찬 팀장 | 저도 처음에 회사에서 윗사람들이 "잘한다, 잘한다."고 해서 진짜 잘하는 줄 알았어요. 그런데 나중에 깨달았어요. "내가 너무 교만했구나." 그때는 제가 정말 잘하는 줄 알았거든요. 사실 그냥 열심히 해서 윗사람들이 잘 봐준 거였죠.

강민수 | 네, 그래서 정말 겸손해지려고 해요. 누군가 칭찬하면 이렇게 말하는 거죠. "보고 배웠습니다." 제가 스스로 자랑하지 않아도 알 만한 사람들은 알겠죠.

"젊은 자들아 이와 같이 장로들에게 순종하고 다 시로 겸손으로

허리를 동이라 하나님은 교만한 자를 대적하시되 겸손한 자들에게는 은혜를 주시느니라" (벧전5:5)

유병욱 | 얼마 전에 회사에서 비슷한 얘기를 들었는데 시장에서 내가 얼마나 팔리는지를 봐야 한다고요. 즉 내가 상품성이 얼마나 되는지 알아야 한다는 거죠. 예를 들어 이직할 때 내가 하는 직무로 최고 역량을 가진 기업으로 들어갈 수 있는지 해보면 진짜 내가 얼마나 상품성이 있는지 알게 되겠죠.

3. 자신이 잘 못 하는 일이지만 해야 하는 일이라면 어떻게 할 것인가?

이하은 | 저는 경험이 아직 부족한 사원인데 팀장님이 좋게 보셔서인지 회사 중장기 계획을 세워보라고 말씀하셨어요. 어떤 방향으로 잡아야 할지 되게 막막한 거예요. 아무래도 아직 저직급자이다 보니 임원 회의는 못 들어가요. 그래서 제 상관을 통해서 얘기를 듣기는 하지만 윗분들의 의중이 정확하게 무엇이고 회의 내용을 파악할 수 없는 상태에서 창의성 등을 발휘해서 전략을 수립한

다는 게 한계가 있어요.

박선진 | 저는 이런 상황일 때 어떻게 했냐면 제가 이 일을 안 한
다고 가정하고 이렇게 하면 재미있겠는데 하면서 사업을 기획했던
적이 있어요. 내가 이 일을 추진한다고 하면 틀 안에 갇히게 되는
데 그런 거 없이 막 그려나가는 거죠. 비록 그 전략이 내가 못 할
것 같은 것이라 하더라도 "최선을 다하면 그다음은 하나님이 해주
실 테니까." 이런 마음으로 했어요.

강민수 | 그 일을 가장 잘하는 사람한테 찾아가서 도와달라고 해
야죠. 제가 가서 안 되면 팀장한테 말해서 지원이 필요하다고 말
하는 것도 방법인 것 같아요. 제가 모시는 팀장님은 자주 이런 말
씀하세요. "우리가 고민할 필요 없어. 잘 아는 ○○한테 물어보자."
제가 고민했던 것과는 달리 너무 쉽게 풀리는 경우도 많았어요.
그래서 관계의 중요성을 다시 한번 느끼는 거죠.

김종빈 멘토 | 잘하는 일은 내가 신나게 할 수 있는 데 못하는 일을
줬을 때 어떻게 해야 해? "안 하겠습니다." 그럴 수 없잖아. 내가 잘
모르는 분야라면 일을 '통'으로는 못 해. 근데 나눠 보면 그중에 내
가 잘하는 영역이 있어. 예를 들어서 디자인은 못 하지만 그걸 가

지고 기획하는 일은 잘하잖아. 그러니까 일을 나눠서 봐야 된다는 거거든. 내가 디자인을 못 해? 그러면 그건 누구한테 해야 해? 잘하는 사람한테 빨리 가야 한다니까. 그래서 조직은 시너지를 내는 거야. 잘하는 그 사람한테 도움을 받고 거기다가 내가 잘하는 거를 얹어. 잘하는 분야에 시간을 더 많이 쓰고 개발해야지. 그리고 위에서 칭찬받으면 그 공은 도와준 사람에게 돌려야 하는 거지. 그게 그 사람을 살리는 거야. 그래야 그다음에 또 도와줘.

최선을 다한다? 그거는 기본적인 거야. 일하기 위해서 사람을 만나고 그 사람을 도움을 받고 하는 것도 다 최선을 다하는 거야. 예를 들어서 기획자도 마찬가지야. 기획자는 현장에 있는 문제들은 잘 모르니깐 현장의 전문가한테서 정확하게 데이터를 받아보고. 그 사람의 의견을 가지고 나의 임플리케이션(Implication)을 넣는 게 더 중요한 거지. 그랬을 때 팀장님한테 이 자료는 누구 거를 가지고 사용했고 "제 생각에는 그 사람이 참 정확하게 보더라고요"를 말해주는 게 중요해.

4. 역량을 키우기 위해서는 어떻게 해야 하는가?

이하은ㅣ 외국계 제약회사 상무님과 멘토링을 진행한 적이 있었는데 역량을 키우기 위해서 어떻게 해야 하는지에 대해 질문을 했어요. 그분께서 해 주셨던 말씀은 70:20:10 법칙을 소개해 주셨거든요. "70은 자신의 직무를 통해서 발전시켜야 하고 20은 멘토를 통해서 발전시켜야 하고 나머지 10은 스스로 개발해야 한다."

그런데 업무적으로 할 수 있는 영역이 제한돼 있어서 이걸로 내 역량을 개발시킬 수 있을까에 대한 궁금증이 있어요. 평소에 저는 전략기획 일도 하지만 비서 일도 하고 같이 하고 있거든요. 저는 기획 관련 역량을 쌓고 싶은데 말이죠. 고민입니다.

강민수ㅣ 팀 업무 중에 큰 이슈가 하나 있었어요. 그런데 이게 시간이 지나도 해결되지 않고 이슈로 계속 남아 있는 거예요. 제 일은 아니었지만 만약에 내가 그 업무 담당자라면 어떻게 문제를 해결할까 고민했어요. 출퇴근할 때마다 머릿속에 집어넣고 고민하는 거죠. 경쟁사 분석, 당사 사업 현황 확인, 전략 수립, 고객 영업 방법 등을 제 나름대로 고민한 결과물을 만들어서 일과 시간 이후에 팀장한테 전화로 말씀드렸어요. 제가 생각하는 답은 이건데, 한번 들어봐 달라고 말이죠. 제 고민의 흔적과 의견이 채택되고 안 되고는 그렇게 중요한 게 아니었어요. 그것과 상관없이 그 문제에 대한 저만의 해답이 있다는 게 중요했죠. 이거를 가지고 팀장하고 논의하니까 더 구체화되더라고요. 이런 과정 자체가 저는 제 역량을 올리는 연습이자 자산이 되는 거라고 믿어요, 물론 팀장이 나중에 의사결정을 할 때 참고할 수도 있겠죠.

전성미 멘토 l 역량을 키우기 위해서는 어떻게 해야 하나 그랬을 때 저는 전체를 보는 통찰과 함께 세 가지 키워드를 썼어요. 첫 번째는 관계. 하나님과 나의 관계. 우리는 매일매일 성경 말씀 안에서 하나님과 내가 하나로 되는 그런 관계가 형성되기 때문에, "나는 하나님을 믿는 예수 그리스도의 왕의 자녀, 딸과 아들이다."라는 이런 당당함, 자신감을 가지고 살아야 해요. 회사에서 CEO를 바라볼 때 정말 하나님보다는 아주 작잖아요. 그래서 이런 전체를 보는 통찰력은 말씀에서 온다고 생각해요.

두 번째는 연결. 하나님과 내가 하나로 연결되어 있잖아요. 결론은 성경의 가장 주된 내용은 우리가 예수처럼 살라는 거거든요. 한마디로 '예수의 리더십'이거든요. 그러기 때문에 내가 하나님하고 연결이 돼 있다면 아침에 QT 했거나 말씀을 읽었다면 그 말씀에 힘입어 자신감, 담대함, 자존감을 가지고 여유 있게 회사생활을 할 수 있는 것이죠.

세 번째는 기쁨. 이 통찰의 과정과 하나로 연결되는 과정 모두 다 기쁨으로, 설레는 마음으로 기도해 보세요. 그러면 큰 그림이 그려져요. 이 세 개가 연결로 돼서 하나가 딱 이루어지면 새벽에 QT 했던 그 마음이 그대로 일터에서 이루어지는 것이거든요.

유병욱 | 저는 역량을 키우기 위해서는 어떻게 해야 하나 질문에 시간을 넣어야 한다고 생각을 해요. 그래서 요새 최소한의 인풋으로 최대한의 아웃풋을 어떻게 낼 수 있을까 고민하고 있어요. 일단 기본적인 전제는 콩 심은 데 콩 나고 팥 심은 데 팥 난다고 생각해요. 그런데도 이걸 고민하는 건 기본적으로 너무 일이 많고 그다음에 내 리소스를 밤을 새워서 일하고 나면 삶의 파괴를 가져오게 되죠. 한마디로 비효율성을 제거하고 리소스 활용에 있어서 뭔가 효율적으로 하고 싶다는 거죠.

김종빈 멘토 | 최소한의 인풋으로 최대 아웃풋? 사기야 그거. 내가 제일 싫어하는 거야. 제대로 집어넣고 두 배, 세 배의 효과를 보는 게 경영이야. 크리티컬 매스(Critical Mass)라고 하는 게 있어. 쉽게 얘기해서 뜸을 들이는 시간이 있잖아. 뜸을 들이는 시간에 밥을 먼저 열어버리면 밥이 다 완성되지 않아.

그렇다면 비효율을 줄이고 시간을 농밀하게 질 활용하기 위해서는 어떻게 일하면 될까? 아웃풋 중심으로 진행하는 거야.

예를 들면, 지방 출장을 간다고 해보자. 그러면 그 출장의 아웃풋을 잡는 거야.

> 1. 지방에 출장 가는 것
> 2. 지방에 가서 제품을 설치하는 것
> 3. 지방에 가서 제품을 설치하고 고객에게 컨펌까지 받아 오는 것

출장의 아웃풋을 무엇으로 잡는가에 따라서 준비하는 것도 다를 거야. 1번은 차편만 확인할 것이고, 2번은 설치 리스트 확인하고 일정만 확인하겠지. 마지막 3번은 고객에게 컨펌까지 받으려면 어떻게 업무를 진행할지 계산하겠지. 제대로 아웃풋을 설정하면 남들보다 시간을 더 농밀하게 사용하는 거지. 잘못하면 1, 2번은 다시 출장 가야 해. 그러면 이제 일이 자꾸 늦어지는 거지. 뭔가 일이 자꾸 늦어져? 그러면 내가 아웃풋 중심으로 내가 하는 일들을 정확하게 이해를 못 했기 때문에 계획 세우는 것부터 실패한 거 아니냐 이거지. 그냥 일하는 사람과 아웃풋 중심으로 하는 사람은 엄청나게 차이가 있는 거야.

그리고 납기가 돼야 퀄리티(Quality)도 있는 거야. 시간을 정하고 끝내려고 자꾸 해보는 거야. 그러면 좀 부족해도 마무리 지어버리잖아. 그리고 다른 일 하면서 다시 봐도 되고 위의 상사가 보자고

할 때 언제든지 갖다줄 수 있지. 근데 맨날 다 됐다고 말하는 친구들 있어. "야, 너는 맨날 다 됐어야? 아니 그냥 가져 와!" 그러다가 결국은 뺏겨. 그냥 줬어도 되잖아. 부족해도 마무리하고 넘겨야 검토하면서 완성도가 만들어지는 거지. 예를 들어 "내가 여기까지 했는데 아이디어 있으면 주세요." 자꾸 이렇게 하는 거지.

그리고 결과가 좋으면 선배나 부하나 동료를 띄워주는 거야.

"우리 박 과장이 이거 도와주셨는데 진짜 아이디어가 좋은 것 같아요. 이걸 넣으니까 되게 좋아졌나 보네요."

우리가 인정에 대한 욕심을 버려야 해. 일이 성공했어? 그러면 어떻게 말해야 해? 사도 바울이 모든 것이 은혜라고 말한 것처럼 다른 사람에게 공을 돌려야지. 그게 위에 사람들이 듣고 싶은 말이야.

> "그러나 내가 나 된 것은 하나님의 은혜로 된 것이니 내게 주신 그의 은혜가 헛되지 아니하여 내가 모든 사도보다 더 많이 수고하였으나 내가 한 것이 아니요 오직 나와 함께 하신 하나님의 은혜로라" (고전15:10)

5. Specialist vs. Generalist?

(여러 부서에서 경험을 쌓는 것과 한 부서에 경험을 쌓는 것)

유병욱 l 직장생활에서 자신만의 무기를 만들라는 조언을 많이 들었어요. 결국 문제는 무엇이 자신만의 무기이고 이걸 어떻게 개발시킬 건지가 중요할 거 같아요.

강민수 l 직장 내 다양한 부서가 있잖아요. 그래서 연말 조직개편 시기가 되면 고민이 많았어요. 어느 팀에서 "너는 영업도 잘할 것 같아."라고 말하면 그런가 싶기도 하고 또 "회개부터 시작해 보자." 라고 말하면 그것도 맞는 말인 거 같았거든요. 개인적으로 각각의 일을 잘할 수 있는 최소한의 역량은 가지고 있다고 자부했거든요.

그래서 제가 결정한 건 제가 가진 핵심역량이 무엇이고 내가 어떤 일을 하고 싶은지 정의 내리는 것이었죠. 저는 제 핵심역량을 '문제해결 능력'으로 정했고 하고 싶은 일은 실제 사업을 수행하는 쪽으로 정했죠. 왜냐하면 숫자에 대한 감각도 있고 항상 어떤 이슈가 있으면 "이 일은 왜 하는 것이고 꼭 필요한 것인지, 이 방법이 최선이고 개선할 점은 없는 것인가?" 새로운 눈으로 보는 노력과 당연하다고 생각하는 것들에 대해서 끊임없이 물었어요. 그리고 그 고민의 끝에 저만의 답을 내리는 연습을 했어요. 이건 윗사람들의 의중에 따라서 만든 게 아니라 현장 영업 대표들의 의견을 참고했고 다양한 데이터를 분석한 끝에 내린 '나만의 답'이니까. 이게 바로 내가 고민한 흔적이니까. 굉장히 가치 있는 거죠. 그리고 어차피 현장은 한번 가서 경험을 해봐야겠다고 생각은 했기 때문에 그럼 빨리 사업부에 갔다 오는 게 좋은 거 같아서 일하고 있는 거죠.

김종빈 멘토│ 내가 그 일을 잘할 수 있느냐는 내가 아니어도 다른 사람이 할 수 있는 일이냐 아니면 나만 할 수 있는 일이냐의 문제라고 생각해. 내가 탁월함을 가지고 나만이 할 수 있는 것이거나 남들은 되게 어렵게 하는데 나는 쉽게 하는 거 말이야. 내가 못 하는 걸 가지고 스페셜 리스트(Specialist)가 될 수는 없잖아.

나는 내가 잘하는 걸로 승부수를 걸었고 성과에 대한 부분도 되게 좋았던 거 같아. 남들이 조합하지 못하는 거를 조합해서 새로운 아이디어를 내면서 했어. 근데 남들은 어려운 일이라고 되게 싫어하지. 나는 도전해 볼 만한 일이라고 생각하기 때문에 계속 그일을 했던 거야.

기획 업무를 했고 그 일을 해보면서 나한테 맞는다는 걸 알았어. 일단 다 해보는 거야. 그리고 기획의 길로 가기로 한 거야. 그래서 다른 사람들이 나한테 "영업도 한번 해보지?" 이런 말이 안들어와. 내가 그 일을 너무 잘하니까.

그래서 결정해야 해. 내가 이 분야에서 탁월함을 가질 수 있느냐. 그게 되게 중요하다고 생각을 해.

전성미 멘토 I 처음 3년 동안은 자기 자신을 알아야 하고, 내 일과 부서에 대해서 정확하게 알아야 한다고 생각을 해요. 이게 조금 정리가 되면 그다음부터는 엄청난 경험이 쌓이면서 자신의 역량이 파워풀하게 커진다고 생각해요.

그래서 우선은 자기가 자기 자신을 정확하게 진단한 다음에 회사에서도 한 가지 일을 꾸준히 깊이 있게 해보면 나중에는 넓어질 거예요. 자신의 지경(地境)이 넓어지는 거죠.

이때 잘 견디는 게 중요한 거 같아요. 정말 요새 친구들은 다른 사람의 말 듣기 싫어하고 이동을 빨리빨리 해요. 인내하고 성실하게 배우고 때론 절제하며 탁월함으로 더 성장하는 이런 게 되게 어렵다고 많이 들었거든요. 그래서 여기 계신 분들만큼은 좀 이렇게 깊어지고 넓어지는 그런 삶을 살면 좋겠다는 생각이 들었어요.

6. 강점을 키워야 할까요? 약점을 보완해야 할까요?

이하은| 저는 사회 초년생이라서 저의 강점이 뭔지 확실히 모르겠어요. 그냥 PPT 빨리 만드는 거 잘하긴 해요.

김종빈 멘토| PPT 빨리 만드는 거는 강점이 아니지. 일종의 스킬인 거지. 어떤 사람의 강점은 뭐든 빨리 배우는 거, 자기 것으로 소화해서 덧붙이는 능력. 또 어떤 사람은 정리를 잘하는 사람이 있어. 회의해보면 딱 알잖아. 이런 사람은 말 먼저 하지 않아. 남들이 얘기한 거 다 듣고 나중에 자기가 정리 다 해줘. 이게 강점이야. 기획력 뛰어난 사람은 계속 컨셉이나 아이디어를 내지.

강민수| 대학 졸업 후 회사에 입사할 때, 어느 회사로 갈지 고민이 많았어요. 더 많은 연봉을 제시한 회사가 있었음에도 가지 않았던 이유는 제가 지원한 직무가 영업직이었는데 잘할 자신은 있었지만 제 강점이 영업력은 아니었거든요. 오히려 문제해결 능력이나 전략기획으로 보고 그쪽을 개발하려고 했었죠. 이 점을 고려해서 회사를 선택했었어요.

「위대한 나의 발견 강점혁명」(원제: Strengths Finder 2.0) 책에서도 보면 자신이 가진 강점에 집중하는 사람이 그렇지 않은 사람보다 6

배나 의욕적이고 생산적으로 일에 몰두하고 삶의 질이 3배나 높다고 얘기하죠. 강점은 자신의 재능에 시간적 투자를 곱한 값이라고 생각해요. 이 강점이 나만의 핵심역량이자 일터에서의 나의 경쟁력이 되는 거겠죠.

김종빈 멘토 | 경영에서는 약점은 보완하는 게 아니야. 약점을 개발하다가는 강점까지 없어지는 거야. 강점을 더 크게 만들면 약점은 보이지도 않아. 그건 내 영역이 아닌 거야. 경영은 강점을 키우는 거야. 연습하면 뭐든지 될 수 있다? 안 된다니까. 그 약점이 강점이 되진 않아.

강민수 | 그렇지만 치명적인 약점의 경우 의도적으로 숨기거나 감추는 노력도 필요하다고 생각해요. 게다가 자신의 노력으로 보완할 수 있는 것이라면 할 수 있는 선에서 노력해보는 거죠. 직장에서 강점으로 인정받는 사람들도 있지만, 결국에 그 치명적인 약점이 아킬레스건이 되는 경우를 많이 봐요.

7. 탁월한 리더는 어떤 역량을 가져야 하나요?

유병욱 l 어떤 리더분은 자기가 하는 업무도 넓은데 하루에 회의를 6개, 어떤 날은 9개 이렇게 들어가도 모든 회의에서 가장 주도적으로 발언을 많이 하고요. 그분의 지론은 커뮤니케이션은 100%의 효율이 아니기 때문에 오버 커뮤니케이션이 돼야 한다고 하더라고요. 그러면서 세세한 것까지 다 챙겨요. 캐파(Capability)가 진짜 엄청나다는 생각이 들어요. 이 사람이 어떻게 이것까지 신경 쓰고 있고 이걸 말할 여력이 있지라는 생각이 들죠. 그래도 마이크로한 부분은 좀 내려놓고 비전닝(Visioning)에 더 힘을 싣는 게 어떨까 싶어요.

김연수 l 저도 그런 분을 회사에서 딱 한 번 봤거든요. 똑똑하고 탁월하신 거예요. 그분한테 딱 붙어서 많이 배우셔야겠네요.

김종빈 멘토 l 열정이 뛰어나고 일을 잘하는 거지. 다르게 말하면 머리가 구조화가 잘된 거고 고민을 많이 하는 거지. 내가 예전에 전략기획 팀장 할 때 그렇게 일했어. 경영 회의부터 모든 회의는 다 들어가면 한 5시간 걸려. 게다가 팀원이 20명 정도 되는데 관리해야 하고 또 동시에 고민을 엄청 많이 해야 하는 거잖이. 진짜 일 생각밖에 없었던 거 같아.

리더는 무엇보다 의사결정 능력이 가장 중요해. 그때그때 감으로 하는 결정은 아무 의미가 없어. CEO가 하는 한 번의 의사결정이 미치는 영향력은 매우 큰 편이야. 보통 이런 능력은 데이터, 인사이트, 전문성에서 오는 편이고 이 중에서 데이터에 근거한 의사결정은 불확실성을 줄이고 문제해결 확률을 높일 수 있는 매우 중요한 거야. 그리고 불필요한 의사결정은 지양해야지. 예를 들어 "일단 한 번 해보자." 이런 거. 안 되면 어떻게 되는 거야?

목표(Goal)

목표는 기대하는 결과물의 객관적인 기준 또는 수준을 의미합니다. 소위 목표설정에서 흔히 말하는 도전적인 목표설정이란 창의적이고 혁신적인 방법을 고민하여 현재와 목표 수준의 차이를 줄여나가는 것을 의미합니다. 목표를 무조건 높게 설정하는 건 의미가 없습니다. 달성 가능한 수준을 벗어나게 되면 동기부여가 전혀 되지 않기 때문입니다. 도전적인 목표설정은 지속적인 동기부여를 통해 목표를 달성하게 만드는 가장 핵심적인 요인입니다.

1. 어떻게 목표를 세워야 하나요?

(목표를 작게 세우면 작다고 뭐라고 하고, 목표를 높게 세워서 달성 못 하면 못 했다고 질타받는 상황이라면 어떻게 해야 하나?)

강민수ㅣ 우리 회사 기준으로는 평가등급이 S, A, B, C 이렇게 있는데 사실 S는 받기 어렵고 보통 열심히 해서 달성할 수 있는 수준이 B이고, KPI 기준으로는 목표의 95%~105% 정도 됩니다. 그래서 목표 자체를 조금 낮게 잡으려고 한 적도 있었는데 그러면 목표치가 낮다는 피드백이 왔어요. 그러고 나서 평가 A의 KPI 기준(목표 대비 105% 이상)을 스트레치 골(Stretch Goal) 수준으로 설정하고 달성하려면 상당히 힘들더라고요.

김종빈 멘토ㅣ 그건 잘못된 거야. 우리는 100%가 B야. S가 110% 또는 115% 이상이 되는 거고. 너무 KPI를 높이면 목표를 낮게 잡을 수밖에 없지.

철봉에 젖 먹던 힘까지 다해서 점프했을 때 매달릴 수 있는 수준이 스트레치 골이거든. 그게 원래 정의야. 이건 KPI 기준하고는 다른 거야. KPI에서 A냐 B냐 이런 건 스트레치 골이 아니라 할 수 있는 수준을 정하는 거지. 이게 목표가 너무 높으면 포기하게 만들어버려.

리더로서는 가슴을 시원하게 하는 목표가 있고 가슴을 답답하게 하는 목표가 있어. 가슴을 시원하게 하는 목표는 너무 높거나 너무 낮은 거야. 어차피 못할 거니까. 이게 좀 하면 될 것도 같은데 이거 어떻게 해야 하지 이런 게 가슴 답답한 목표거든. 가슴 시원한 목표를 잡는 게 아니지. 어차피 안 될 건데, 뭐 시원하게 가자? 그건 아니지.

누구나 열심히 하면 대부분 A를 맞을 수 있는 거야. 그래야 성취감을 느끼지. 물론 베이스라인이라는 게 있는 거야. 현재 각자 각자가 어느 정도의 실적을 내는 거 그게 고려가 돼야 해. 왜냐하면 사람마다 연봉이 다르고 일하는 게 다 다른데 어떻게 다 같게 목표를 주냐고. 월급 많이 받는 사람이 일 많이 해야지. 그만큼 성과를 많이 내라는 얘기야.

2. 그러면 목표를 쉽게 달성할 수 있을 정도로 낮게 잡으려고 하지 않을까요?

김종빈 멘토 | 쉽게 잡지 않지. 왜냐하면 목표는 합의하는 거니까. 전사 목표가 있고 사업부의 목표가 있고 팀에 대한 목표가 있잖아. 팀원들도 자기 목표를 팀 목표에 맞춰서 다 설정하잖아. 그래서 팀장이 그 목표를 달성하기 위해서 팀원들이 맡은 업무 영역과 역할을 다 잡아주고, 그에 걸맞게 각자가 목표를 설정한 다음 목표에 대해서 합의하는 게 일련의 프로세스야.

3. 급속도로 변하는 시대에 민첩하게 대응하지 못한 기업은 시장에서 사라지고 있습니다. 제아무리 잘 세운 목표와 전략이라도 이런 환경에서도 유효한 건가요?

강민수 | 저희는 연말에 내년 사업계획 목표와 3개년 중장기 사업전략 및 액션플랜(Action Plan)을 수립합니다. 이후 반기별로 점검하고 있습니다.

그런데 문제는 중장기 전략입니다. 3개년을 기준으로 만드는데 매년 만드는 데다가 매번 수립할 때마다 많은 팀원의 '공수'가 들어가는 상황입니다. 사실 우리가 작년 연말에 세운 내년 예측도 빗나가서 다시 전략을 수립하는 상황인데 향후 3년을 내다보고 전략을 짜는 것이 여전히 유효한지 저도 의문이 있어요. 어떤 IT 기업의 팀장이 "당장 내일 일도 모르는데 어떻게 3년을 짜요?"라는 말을 한 적이 있는데 그 말이 굉장히 합리적으로 들리더라고요.

김종빈 멘토ㅣ 그럼 너는 '전략가'가 아니라 '장사꾼'이야. 그날그날 상품 상태에 따라서 파는 장사꾼. 오늘만 잘하면 돼. 오늘은 오늘이고 내일이 내일이고 전략이 없는 거야. 오늘 하루 최선을 다하고 상품이 좋으면 비싸게 팔고 나쁘면 싸게 팔고. 장사꾼들은 친절하고 부지런하고 정직하면 끝나잖아. 장사꾼하고 전략가의 차이가 뭐야? 내가 가지고 있는 자원을 가장 효율적으로 활용할 수 있는 방법을 찾는 거잖아. 전략가는 어디를 보는 거야? 미래를 보는 거야. 비즈니스는 미래를 보고 하는 거야.

스타트업 기업들은 왜 미래가 안 보일까? 안 보이니까. 그럼 제일 중요한 게 뭐야? 눈에 보이는 경영을 하는 것. 보이지 않으니까 못 세우는 거야. 그럼 보게 해야지. "우리가 이렇게 하면 Y+3년 후에는 이 정도 수준에 있을 수 있습니다." 이렇게 말할 수 있어야지. 'Y+3' 당연히 있어야 하는 거야. 목표가 없으면 달성해야 할 외지

조차도 없어져. 이게 없으면 장사꾼 되는 거라니까. "오늘 장사 잘 됐네." 손 털면 돼. "내일도 장사 잘되겠지." 명확하게 목표가 없는 조직은 흔들리는 거야. 목표가 명확해야 해.

전략(Strategy)

　최근 에자일(Agile) 개념이 강조되면서 변화에 빠르게 대응하는 것이 그 어느 때보다도 중요한 시대입니다. 만일 전략을 잘못 세웠거나 사업 환경이 크게 변하여 수정이 불가피한 경우 빠르게 새로운 전략과 실행계획을 세워야 합니다. 전략적으로 일을 한다는 것은, 정해진 시간 내에 한정된 자원을 선택적으로 배분하면서 성과와 관련 없는 일에 소모적인 노력이 실행되지 않도록 주의하는 것입니다.

1. 전략이란 무엇인가요?

김종빈 멘토ㅣ 장사꾼은 전략이 없어도 돼. 부지런하고 성실하면 어느 정도 성공할 수 있어. 그런데 비즈니스를 하고 앞으로의 미래를 보려면 전략적으로 가야 해. 전략은 방향을 잡아내는 거야. 그 전략에서 제일 중요한 건 보이는 거지. 선명한 비전을 통해 올바른 방향을 잡고 구체적으로 실행계획을 수립하면 돼. 그런데 전략인데 안 보인다? 그럼 그 전략은 틀린 거야.

이제 전략을 잡았으면 그다음엔 모든 사람한테 이젠 실행력을 강조해야 지. 죽기 살기로 전략을 실행해서 성과를 내면 성장할 수 있지.

2. 코로나19를 효과적으로 대처할 수 있는 전략은?

강민수ㅣ 최근 반기 평가를 진행해보니 코로나19로 인해 애초 목표한 수준에 훨씬 못 미치는 결과가 나왔습니다. 작년 말 목표를 수립할 때 코로나19를 예측하지 못한 것은 아니었습니다만 코로나 대유행 및 확산에 따른 것이라 어쩔 수가 없었습니다. 물론 사업을 담당하는 부서에서는 상황을 긍정적으로 보고 앞으로의 미래를 그려나갈 수는 있으나 저는 이런 상황은 천재지변에 해당하는 것이기 때문에 과연 미래를 정확하게 예측해서 향후 목표와 전략을 수립하는 것이 큰 의미가 있겠냐는 생각이 있어요. 전문가들 역시 W, L, V, U, K자 그래프를 선보이며 미래를 예측했지만 사실상 큰 의미가 없었죠.

김종빈 멘토ㅣ 코로나 환경도 경영환경이거든. 남들은 자연환경이라고 보는 거잖아. 경영자로서는 충분히 극복 가능한 거야. K형, L형 회복이나 이거는 경제학자들이 얘기하는 거거든. 경영을 하는 사람은 당장 먹고살아야 해. "좀 기다려. 이 시기가 지나갈 거야." 하는 사람들이 대부분이지. 또 어떤 사람들은 아예 체념하는 사람도 있어. 지금부터 코로나가 장기화한다고 예상되잖아. 그럼 어떻게 해야 해? 빨리 학습지역으로 이동해서 우리가 할 수 있는 전략을 세워야지. 그러면 코로나를 이용할 수 있는 환경이 뭘까를 중심으로 전략이 논의돼야 하는 거야.

모든 기업이 어려웠지만 체념하고 그냥 있었느냐? 아니잖아. 그러면 성장한 기업들은 왜 성장한 거야? 온라인, 모바일, 비대면 중심으로 사업을 영위했던 사람들은 성장했지. 그러면은 모바일로 한 사람은 다 성공했냐? 그렇지 않아. 그중에서도 역량이 있는 사람이 성공한 거야.

너희 회사 관점에서 얘기해보면 그래도 움직이는 사람들이 있잖아. 그러면 연계 또는 새로운 서비스를 '안전'이나 '위생'의 포인트를 가지고 기획했어야 하는 거 아니냐 이거지. 가격은 비싸더라도 프리미엄으로.

코로나 시대에 성공할 수 있는 건 두 가지밖에 없어. 하이퀄리티로 가격을 엄청나게 높이거나 완전히 싸게 하는 방법. 그런 후에 영업/마케팅이 움직여서 매출을 끌어올리고 3개월 단위로 할 수 있는 액션플랜(Action Plan)을 자꾸 짜야지.

이게 코로나 시대의 경영전략 아닐까? 코로나 환경은 제너럴(General) 한 환경이 된 거잖아. 그러면 그 보편적인 환경을 뚫고 나가는 방법을 만들어 내는 게 핵심이겠지. 다시 한번 말하지만, 경영환경은 자연환경이 아니야. 극복 가능한 환경이야. 알았어?

강민수ㅣ 네. 가격이 잊혀진 뒤에도 품질은 기억된다는 말이 있잖아요. 이럴 때일수록 프리미엄 서비스를 통해서 좋은 경험을 제공하고 이걸 접해본 사람들은 탄탄한 새로운 수요층으로 형성된다고 생각해요. 그러나 결론적으로 코로나 시대에 걸맞은 새로운 상품/서비스를 기획해서 출시하진 못한 점이 아쉬워요.

반면 동시에 과거의 데이터를 기반으로 향후 재무예측은 굉장히 논리적으로 잘 접근했어요. 그러고 나서 저희가 세운 연간 목표와 차이가 나는 갭(Gap)을 어떻게 줄일 것인지 집중했죠. 물론 경영자가 원하는 숫자가 있다는 걸 염두에 두고 말이죠. 전략은 원하는 수준의 결과물과 현재의 차이, 즉 갭(Gap)을 줄이는 방법이니까, 구체적으로 실행계획을 수립하고 마감 시간을 함께 정했죠. 그래서 불요불급(不要不急)한 판관비 축소, 추가 매출방안 등을 통해 쉽진 않겠지만 스트레치 골(Stretch Goal)로 올해 목표를 달성하겠다고 보고했어요. 그러자 대표이사께서 "꼭 그렇게 해주길 바란다."고 말씀하시더라고요.

김종빈 멘토ㅣ 좋은 숫자 관련해서는 명확하게 좋은 숫자라는 게 있어. CEO가 원하는 좋은 숫자란 성장을 하는 숫자, 생존하는 숫자. 바람직한 숫자가 좋은 숫자야. 실무자는 좋은 숫자를 내야 하고 그걸 달성하도록 최고의 노력을 하는 거지. 경영자는 이걸 원하는 거야.

사실 너희 CEO도 달성에는 그렇게 관심이 없을 수도 있어. 목표 대비 100% 이상 달성하면 좋겠지만 그렇게 안 되더라도 좋은 숫자를 놓고 베스트를 다 해보자는 얘기를 하는 거야. 지금은 좋은 숫자가 있어야 해. 그러고 나서 실행계획을 합리적이고 논리적으로 세워야지. CEO들은 그걸 원하는 거고 전략가들은 이렇게 얘기해야지.

왜? 지금은 위기 상황이니까! 한 수 더 짚어주면 이때는 생존 전략을 짜는 게 아니고 성장 전략을 지금 짜봐. 지금 같은 시기가 최고의 시기야. 남들이 되게 힘들 때니까. 여기서 승부가 나니까 그렇지.

3. 전략가가 되려면 어떻게 해야 하나요?

김종빈 멘토 | 한마디로 사고의 전환이 필요해. 구체적으로 3가지야.

> 첫째, 마인드를 긍정적으로 바꿔야 해.
> 둘째, 일하는 스타일을 목표(성과) 지향적으로 바꿔야 해.
> 셋째, 사고를 가치 중심으로 바뀌어야 해.

특히, 내가 하는 일이 월급을 받으려고 하는 게 아니고, '나는 일을 처내는 사람이 아니라 가치를 창조하는 사람'이라는 걸로 완전히 바꿔야 해. 패러다임이 바뀌는 거야. 사고의 전환이 필요해.

그런데 바꾸려면 먼저 내가 가진 게 있어야지. 그러려면 책도 봐야 하고 전문성도 쌓아야 하고 고민과 생각을 많이 해야 해. 그리고 이슈를 가져야 해. 통찰력은 이슈에서부터 시작하는 거야. 통찰력은 다른 사람들이 당연하다고 생각하는 걸 왜 당연하다고 생각하는 걸 질문하는 것에서부터 이슈는 시작돼. 거기서부터 시작되면 혁신이 일어나기 시작하는 거지. 책도 많이 읽어야 하는데 그러려면 무슨 소설책 읽듯이 처음부터 끝까지 다 보려고 하지 말고 중요한 부분만 보고 또 넣어 놨다 필요할 때 또 보는 거야. 그 책을 한 번에 다 읽으려고 하지 말고 지금 필요한 부분을 목차에서 딱 보고 집중력 있게 읽는 거지. 그러면 나한테 와닿는 부분들이 생기고 그걸 가지고 생각해 보는 거야. 당연히 이론과 현실과의 갭이 생겨. 이론은 이론에 불과하니까. 근데 이론을 모르고 그냥 막 하면 자기 생각대로 하게 되지. 근데 이론을 알고 내 생각을 접목하면 새로운 걸 만들어 낼 수 있는 거야.

그리고 전략가에는 리더십이 필요해. 아무도 안 가본 길을 끌고 가는 힘이 리더십이야. 그래서 특히 리더가 불안해하면 안 돼. 너희도 안 가봤고 나도 안 가봤지만, 이 전략이 통할 것이라는 믿음이 있어야 해. 올해 같은 경우가 계획하고 안 맞아 돌아갔잖아. 그럼 빨리 돌아가서 전략을 수정해야지. 어쩌면 명확한 전략을 아직 못 세운 것일 수도 있어. 환경이 아무리 바뀌어도 사업은 성과로 얘기하는 거야. 성과를 내는 방법은 전략을 개발하는 것과 실행상의 우수성을 확보하는 거야.

실행(Action)

—

1. 전략을 수립한 이후 실행의 우수성을 확보하기 위해서는 어떻게 해야 하나요?

강민수ㅣ 실행력은 일을 끌고 나가는 능력이죠. 무조건 열심히 맹목적으로 노력하는 건 오히려 경계해야 할 부분이고 오직 성과를 내기 위한 과정만이 중요하다고 생각해요.

그 과정에서 저는 항상 저의 한계를 뛰어넘으려고 많이 노력해요. 그래서 목표를 줬을 때 안 된다고 얘기해본 적이 잘 없는 거 같아요. 분명히 이슈가 있지만 돌파(Break Through)하는 방안을 찾는 거죠. 항상 긍정적으로 바라보고 사업 기회가 정말 없는지 다시 한번 확인하고 한계와 역량을 뛰어넘으려고 계속 최선을 다하는 거죠. 그러면 일을 끌고 나갈 수 있어요.

그리고 마감 시간을 정해놔야 거기에 맞춰서 최선의 노력을 다하게 돼요. 이게 없으면 일이 계속 온-고잉(On-going)이에요. 끝이 안 나죠. 다른 사람과 '협업'에서도 단순히 ASAP(as soon as possible)보다는 정확하게 원하는 일의 산출물의 정의와 함께 마감 시한을 알려주는 게 좋아요. 일상생활에서도 똑같이 적용되는 게 내가 단순히 일찍 일어나야지 하고 오전 몇 시에 일어나겠다는 완전히 다른 결과가 나오거든요.

삶을 사는 방식이 그날그날 닥친 일에 충실하게 그리고 열심히 최선을 다해 살아가는 방법도 있지만, 자신이 설정한 꿈과 비전에 따라 구체적으로 계획을 세우고 실행하며 살아가는 사람이 있어요. 삶의 목적과 비전이 없는 최선은 공허하죠. 성과는 목표를 달성한 결과물이에요. 결과론적으로 이런 사람은 클래스가 다르다는 느낌을 받아요.

김종빈 멘토ㅣ 경영은 실행이야. 탁월한 실행을 위해서는 4가지가 있어야 해.

첫째, 명확한 목표와 성과를 명확히 계획해야 해.

목표를 세웠는데 성과를 계획하지 않는다? 말이 안 되는 거지. 그걸 우리는 KPI라고 하지. KPI는 뭐로 측정해? 매출. 매출 이전엔 고객 방문 수, 고객 방문율 등으로 할 수 있지.

예를 들어서 돼지우리에 어떤 센서를 설치하러 갔어. 그러면 "센서 설치하러 간다."가 일의 목표가 되는 게 아니지. 목표가 뭐야? 센서가 설치되고 잘 돌아가는 것까지 완료돼야 하는 거야. 설치하고 왔는데 작동이 안 돼? 다시 가야 하잖아. 그럼 성과가 아니지.

둘째, 시간을 체계적으로 관리하고 무엇에 시간이 활용되는지를 파악해야 해. 중요한 일에 우리 시간을 더 많이 써야 해. 별로 중요하지 않은 일에 시간을 오래 쓰고 있으면 그거는 비효율적인 거야. 중요한 일부터 빨리 빨리해야지. 중요한 일 그게 뭐지? 돈이 되는 일이야. 또 사업의 가치를 올리는 일이야.

셋째, 우선순위를 결정해서 남다른 성과를 올린 영역에 역량을 집중해야 해. 당연한 얘기지.

마지막으로는 성과를 평가해야지. 성과를 측정했는데 50%가 되면 어떻고 30%가 되면 어때? 30% 달성해도 평가를 해야 해. 왜? 평가는 개선하기 위해서 하는 거니까. 잘잘못을 따지려고 평가하는 건 경영에서 아무 의미 없어. 이미 나온 결과를 어떻게 바꿔. "왜 우리는 30%밖에 못 했을까?" 거기서 개선점을 빨리 분석해서 찾아야지. 그래야 다시 전략을 수정하고 실행하고 목표를 달성하도록 노력해야지. 이렇게 하면 실행상의 우수성을 확보할 수 있어.

PDCA 4단계

PLAN 계획 / DO 실행 / SEE 점검 / ACTION 조치

계획을 세울 때 목표와 전략, 방법과 일정을 잘 세우고 실행한 뒤 계획대로 결과가 나왔는지 점검해 보고 조정 또는 개선이 필요한 부분이 있으면 조치하는 일련의 프로세스를 반복적으로 실행하는 것이 PDCA입니다. 이 중 핵심은 CA에 있으며, 지속적인 점검과 피드백을 통해 목표를 달성할 수 있도록 관리하는 것입니다. 예를 들어 비가 오는 것을 막을 순 없겠지만 우산은 준비할 수 있는 것처럼, 통제 불가능한 요소라고 하더라도 어떻게 대응할 것인가가 바로 전략입니다.

2. 팀장 또는 파트장의 업무지시가 명확하지 않거나 지시한 내용이 자꾸 바뀔 때 어떻게 해야 하나요?

김종빈 멘토ㅣ 일이 내용이 자꾸 바뀔 수 있어. 왜 바뀔까? 주변 환경 때문에 바뀌기도 하고 충분히 고민하지 않고 일을 주니까 바뀌는 거지. 그러면 대부분 일이 명확하지 않은 사람이 하는 말이 뭘까. "몰라. 그냥 해. 일단 해 봐. 나도 위에서 받았어." 뭐 이런 거지. 명확하지 않은 일을 지시받았을 때는 자신도 답답한 거야. 그러면 커뮤니케이션을 자주 해야 해. "이게 제가 보니까 이건 이렇게 가야 할 것 같은데 팀장님 생각은 어떠세요?" 그럼 팀장님이 그러겠지. 그래 이거 나도 한번 생각해 볼게. 좋은 팀장이지. 그런데 나쁜 팀장은 "아이 나도 모른다니까 그냥 네가 알아서 하라니까." 이렇게 가는 거지. 그러다가 나중에 어디 가서 어떤 말을 듣고 와서 얘기하지. "야 그거 있잖아, 나는 이렇게 생각한다." 자기가 잘못 생각할 수 있잖아. 그럼 또 와서 얘기해. "야 그게 아니고 이렇게 하라는데?" 그런 일들이 많잖아. 대부분 일 못하는 팀장들이 주로 벌리는 일이지. 그럼 밑에 있는 사람이 무척 피곤한 거야. 그랬을 때 취하는 행동이 뭐야? 거기서 빨리 나가는 거야. 오래 있지 말고 빨리 나가야 해. 잘못하면 자기도 바보 돼. 배울 사람한테 배워야지. 위에서 얘기하는 거를 딱 캐치하지 않아도 돼. 자기의 생각이 있어야지. 그런데 이런 사람들은 주로 뭐야? 정치하려고 하는 사람들, 눈치 보는 사람들이기 때문에 피곤한 거야. 자기도 잘 모르는데 어떻게 해야 할지도 모르고. 위에 그냥 신경 안 쓰고 자기대로 끌고 가면 밑에 직원들이 편해. 그래 내가 책임질 거야. 한번 가보자.

CEO도 이런 일 많아. 어제 결정해 놓고 "야 내가 생각해 봤는데 이거 아닌 거 같아." 이건 '생각해 봤는데'가 아니라 누구 얘기를 들은 거야. 결정하고 났더니 누가 이렇게 얘기를 하게 된 거야.

그러니까 뒤집는 거지. 미쳐버리는 거야.

그리고 위에 사람이 업무 지시할 때 그 목적을 명확하게 얘기를 해줘야 하는 거야. 그런데 일을 줄 때도 불명확하게 주지만. 받는 사람도 불명확하게 받아오는 것부터가 잘못된 거지. 외근이 예정되어 있으면, "오늘 제가 가서 해야 할 일이 뭡니까?" 물어야지. 그런데 일 못하는 애들은 "내가 여기 왜 가야 하는데요?" 이렇게 얘기하잖아. 만약 특별한 역할이 없이 "그냥 가서 보기만 해"라고 했으면 다시 물어봐야지. "가서 뭘 보면 되는 거예요?" 이렇게 얘기를 해야 해. 이렇게 내가 트레이닝을 시키면 나 자신도 성장하지만, 그 사람이 다시는 허접한 일로 나를 이용하지 않아. 직장 상사는 편한 대로 계속해. 왜? 자기가 편한 사람이 있거든.

비즈니스의 마지막은 예의야. 예의로 접근하넌 그렇게 불쾌하지 않아. 근데 되게 불쾌하게 접근하는 애들이 많아. "왜 가야 하는데요? 오늘 할 일도 많은데." 그러면 그냥 더 끌고 가려고 그래. 그렇잖아 가서 해야 할 일과 역할이 명확해야지. "제가 뭘 준비해야 합니까? 여기까지 얘기할 수 있어야 해.

　어떨 때는 먼 길 가고 할 때는 힘드니까 말동무나 하려고 가는 경우도 많아. 특히 운전하고 할 때는 팀장이 제일 할 일 없는 애 데리고 가야 하는 거지. 없어도 되는 애들. 여러분들이 그런 부분을 얘기할 수 있어야 해. 왜냐하면 내 일을 누가 해주는 게 아니잖아. 그렇다고 팀장이 해주냐?

3. 팀장 또는 파트장이 업무지시 이후 사사건건 간섭이 너무 많을 때는 어떻게 대처해야 하나?

김종빈 멘토ㅣ 직원이 못 미더울 수도 있어. 일 처리가 느리거나 전례가 있을 수도 있으니까.

유병욱ㅣ 개인의 성향이나 아니면 본인의 자리가 실무에서 관리자로 올라갔음에도 업무 컨버팅(Converting)을 못하는 것 아닐까요. 어떤 분들은 좀 불안하다는 얘기도 하더라고요. 그래서 자기가 모든 업무에 통제력을 가지려고 한다고. 리더가 업무지시는 했으나 잘 모를 수도 있고요.

강민수ㅣ 만약 자신의 상관이 너무 마이크로(Micro) 하게 관리한다고 느낀다면 이걸 반대로 얘기하면 밑에 직원이 자신의 기준만큼 꼼꼼하지 않아서 챙기는 걸 수도 있죠. 그렇다면 상급자는 그 직급에 맞는 업무를 하지 못했으니 회사로서는 손해일 수밖에 없는 거죠.

"Retail은 Detail이라고 생각합니다."

어느 유통회사 면접장에서 이렇게 외쳤습니다. 한 점포의 매출은 담당자가 얼마나 꼼꼼하게 매장을 관리하느냐에 따라서, 그리고 얼마나 바지런하게 움직이느냐에 따라서 매출은 완전히 달라질 수 있다고 믿었기 때문입니다. 비단 이것이 유통회사에서만 통용되는 말일까요? 이런 디테일이 직장에서의 업무성과 차이를 만들어 낼 수 있습니다.

김종빈 멘토 | 어떤 친구는 일의 진행 상황을 물어보면 쭉 설명해주는 사람이 있고 어떤 친구는 물어보기 전에 현재 상황을 공유하는 친구가 있어. 그리고 고민 포인트가 있으면 의견이 어떤지 물어보는 거야. 사실 리더는 궁금해하거든. 자신의 상관에게 질문을 던져주는 게 더 좋을 수 있어. 이제 그러면 본인도 같이 고민 하는 거지.

강민수 | 원인이야 어쨌든 방법은 팀장이 간섭하기 전에 담당자가 생각을 먼저 정리해서 눈으로 보여주는 게 가장 좋은 방법인 것 같아요. 보여주면 팀장의 의견을 들을 수 있고 올바른 방향을 잡고 진행할 수 있으니까요. 이때 가장 좋은 시간은 아침 일찍 팀장님만 나와 있을 때 커피 챗(Coffee Chat) 시간을 가지면서 얘기하면 좋죠.

1) 효과적인 커뮤니케이션 방법

상사가 일을 시킬 땐 정확하게 아웃풋을 물어보는 게 좋아.

1. 왜 해야 하는데요?

2. 납기가 언제입니까?

3. 아웃풋은 뭐로 판단하십니까?

세 가지만 물어보면 일을 명확하게 받을 수가 있어. 명확하게 의사소통을 해야 효과적으로 일을 할 수 있는데 그냥 대충 주고 대충 받으니까 제대로 못 하는 거잖아.

그러면 리더들이 이렇게 말하지.

"야, 너 그거 아니라고 내가 몇 번 얘기했잖아."

그러고 나서 자기들끼리 서로 물어보지.

"야, 이게 뭔 말이냐? 이거 네가 가서 받아왔잖아. 그럼 네가 가서 물어봐. 너는 그때 뭘 들었어?"

2) 갑자기 의견을 물어볼 때

상사가 생각해 보지 못한 주제를 갑자기 물어보는 경우는 어떻게 하면 좋을까? 이런 경우에 만약 섣불리 답했다가는 낭패를 보기 십상이야. 오히려 "팀장님은 어떻게 생각하세요?"라고 먼저 물어보면서 "저도 생각해 보고 정리되면 다시 말씀드리겠다."라고 말하는 게 지혜로운 것 아닐까? 이후에 상황 보고 편한 분위기에서 그 질문에 이어서 답변해 봐.

협업(Cooperation)

여러분께 질문드립니다.

"복음을 아는 자답게 살고 계십니까?", "일터의 현장에서 하나님을 경외하며 내 이웃과 동료를 향한 사랑을 실천하고 있습니까?", "삶으로 전하는 복음, 바로 당신을 통해 전하고 있습니까?"

> "네 이웃을 네 자신과 같이 사랑하라 하신 것이라 이보다 더 큰 계명이 없느니라" (막12:31)

1. 케이스 스터디: 직장 내 인간관계 갈등

+ 이슈 사항

- 입사 초기부터 상급자와 다툼이 있으며, 뭔가 불만이 있으면 표정과 말에 티가 나는데 정확하게 이유를 말해준 적은 없음
- 해당 사유로 팀장과 면담하였으나 오히려 상대적 박탈감을 느낄 수도 있으니 업무적으로 잘 보살피라는 피드백을 받음
  * 상급자는 소위 만년 과장임
- 관계의 어려움으로 인해 일의 의욕도 사라지고 있음

+ 주요 논의내용

강민수 | 사실 상급자의 마음을 자기 힘으로 바꿀 수가 없으면 자신이 바뀌야 하는 거예요. 그런데 이 답을 아는데도 바꾸기 싫은 거잖아요. 이게 딜레마가 되겠네요. 그래도 낙심하거나 당황하지 말고 자신감 있게 본인이 풀어나가야 하는 문제가 맞죠. 사실 어떻게 풀면 되는지 이미 답을 알고 있잖아요.

박선진 | 자신하고 나이 차이가 크게 날 텐데 아래 직급의 친구가 자신보다 업무적으로 잘한다고 생각하년 사존감이 엄청나게 떨어

져 있을 것 같아요. 조금 이해해주면 되지 않을까요? 참 힘들게 사는 사람이라고 생각해 주는 건 어때요?

유병욱ㅣ 저는 제가 교회에서 했던 방식을 직장에서도 똑같이 할 수 있는 것인지가 되게 고민이에요. 사실 사랑한다는 거는 이 사람과 관계적으로 친밀함을 맺겠다는 걸 내포하고 있는데, 사실 직장에서의 어떤 지혜 중 하나는 적당한 거리거든요. 이건 예수님 방식의 솔루션이 아닌 것 같아요. 그냥 말하자면 내가 할 수 있는 수준에서의 약간 미봉책이죠.

김종빈 멘토ㅣ 일과 사람을 분리해야 해. 일까지 안 하면 너도 똑같은 사람 돼. 일은 잘해야 해. 회사에서 일하는 이유가 뭐야? 돈 벌려고 하는 거 아니라니까. 그렇게 얘기하면 되게 저급해져. 하나님이 나한테 준 달란트를 그 일을 통해서 세상을 변화시키는 일, 가치 있는 일을 하는 거지. 하나님 나한테 준 달란트를 정말 베스트를 다 해서 사용해야지. 우리가 받은 달란트 봐. 성령 받은 사람들은 다 은사를 받잖아. 예수를 고백하는 순간 우리는 성령을 받았다고. 그 받은 은사를 가지고 직장에서 일하는 거지.

"각 사람에게 성령의 나타남을 주심은 유익하게 하려 하심이라 어떤 이에게는 성령으로 말미암아 지혜의 말씀을, 어떤 이에게는 같은 성령을 따라 지식의 말씀을, 다른 이에게는 같은 성령으로 믿음을, 어떤 이에게는 한 성령으로 병 고치는 은사를, 어떤 이에게는 능력 행함을, 어떤 이에게는 예언함을, 어떤 이에게는 영들 분별함을, 다른 이에게는 각종 방언 말함을, 어떤 이에게는 방언들 통역함을 주시나니 이 모든 일은 같은 한 성령이 행하사 그 뜻대로 각 사람에게 나눠주시느니라" (고전12:7-11)

그런데 문제는 우리는 일로 사람을 평가해서 문제가 되는 거야. "일 못하는 건 인간도 아니야." 그럴 거잖아. 일 잘하면 사람이 좀 개떡 같아도 사람들이 평가를 해줘. 사람과 일을 분리한다는 게 상당히 어려운 일이야. 사람은 모두 다 사랑받기 위해서 태어난 사람이니까. 그러나 일은 일대로 평가를 해야지. 근데 그 마음이 안 생기지. 안 생기면 어떻게 해야 해? 유일한 방법 딱 하나 있어. 성령의 도우심. 하나님한테 기도해. 그 마음을 하나님이 바꿔주든지 나를 바꿔주든지. 계속 기도하면 그 사람이 바뀌던지 내가 바뀌던지 해. 내 생각엔 그 방법밖에 없어.

"오직 성령이 너희에게 임하시면 너희가 권능을 받고 예루살렘과 온 유대와 사마리아와 땅끝까지 이르러 내 증인이 되리라 하시니라" (행1:8)

사도행전에서 뭐라 그래? 예수 그리스도의 증인이 되라고 하지. 증인이 뭐야? 나는 그게 너무 좋은 거야. 전도하라? 그렇게 하지 않았어. 돌아다니면서 "교회 나오세요. 교회 나오세요." 전단지 돌리는 것만 전도가 아니지. 우리가 증인 된 삶을 살라고 그랬잖아. 그럼 진짜 증인 된 삶을 살려면 그대로 삶을 살아내는 거잖아. "나도 당신처럼 그렇게 사람을 사랑하는 방법을 배우고 싶다." 사람들이 묻거든 그때 "예수를 영접하시면 됩니다." 보여줘야지. "예수는 이렇게 믿는 겁니다."

적지 않은 사람들이 다 종교인으로 교회를 다니잖아. 그러나 세상을 변화시키는 사람이 돼야 해. 한숨 쉴 이유도 없어. 그럼 어떻게 기도해야 할까? 여기서 내가 팁을 하나 줄게. "그 사람 변화시켜 주세요." 이게 아니야. "좋은 기회를 주서서, 트레이닝 해주서서 감사합니다."라고 해. 어디서 그런 사람 만나 보겠어. 그 사람 극복하면 나머지 사람은 다 쉬운 거야. 그 마음 자세를 좀 바꾸어야 하지 않을까? 그 정도는 돼야 월드 클래스 수준의 탁월함으로 올라가지.

강민수ㅣ 저는 이런 경우에 왜 회사는 가만히 있을까? 속으로 구조조정 안 하고 뭐 하나? 이랬어요. 천불이 나는 거 있죠? 정당하게 업무 요청을 했는데 안 움직이고 제 기준에는 일을 제대로 안 하는 것처럼 느껴져서 감정이 매우 상하더라고요.

그래서 일을 할 때 이런 것들이 감정으로 확대되지 않게끔 노력해요. 실제로 전화로 얘기하다가 상대방에게 이 말을 한 적이 있어요. "우리 대화가 감정으로 가는 것 같다. 여기서 멈추자." 일하다 보면 언성이 좀 올라갈 수는 있는데 그게 감정으로 넘어가면 결국 일과 사람이 일치돼버리니까 조심하는 거죠.

박선진 l 사실 속에 천불이 난다는 거는 저는 교만이라고 생각했어요. 그래서 회개했었거든요. "나는 뭐가 잘 났나."라는 생각이 들었어요. 그냥 거기에 민감하게 반응만 안 하면 될 것 같아요. 솔직히 이런 말을 들으면 되게 불쌍해 보이고 되게 측은해요. 좀 측은하게 보시면 좋지 않을까요?

김종빈 멘토 l 측은하다고 보는 순간 교만해지는 거야. 나한테 뭐라고 얘기해도 나는 다 받아줄 수 있다라는 것. 그게 탁월함이야. 왜? 경쟁 상대로 보지 않으니까. 우리가 일하는 기준이 내가 당신보다 잘해 이런 '경쟁심'으로 일하는 건 아니잖아. '경쟁력'이지. 측은하게 보지 마. 일이 서투른 거야. 그리고 생각이 다르겠지. 그리고 상사한테도 "우리 조직에 있으려면 그래도 일은 잘해야 하지 않겠습니까?"라고 정확하게 얘기할 수 있어야 해.

우리가 탁월함으로 가는 첫 번째가 침착이야. 기본적으로 침착하면 싸움도 안 나고 탁월함으로 갈 수 있는 거야. 우리가 침착하지 않았기 때문에 말을 집어 던지는 거잖아. 그리고 빨리 결정해 버리는 거고 어려워지는 거야. 그런데 나는 우리가 세상 사람들처럼 술로 풀지 않고 기도할 수 있어서 너무 좋은 거야. 기도라는 무기가 있으니까 하나님께 이렇게 좋은 기회를 주셔서 너무 감사하다고 기도하는 거지.

강민수ㅣ 저도 직장생활을 하면서 저를 힘들게 하는 분이 있어요. 올해는 관계 회복을 하겠다고 마음을 먹었고 지금까지 제 다름대로 정말 지혜를 구하면서 잘 지내고 있어요. 그런데 우연히 저희 팀원 중에 한 분께 이런 저의 결심을 말했는데 대뜸 저한테 이렇게 말씀하시는 거예요. "네가 몰라서 그러는데 그 사람은 네 뒷담화하고 있다." 재밌게도 그 얘기를 듣고 나서도 별로 제 마음이 요동하지 않았어요. 옛날 같았으면 저도 같이 욕을 했을 텐데 말이죠. 그리고 이렇게 말씀드렸어요. "그래도 저는 여전히 이렇게 할 겁니다." 이번 기회로 저는 한층 더 성장할 거라는 확신이 들어요.

김종빈 멘토ㅣ 직장 내에서 가십이나 뒷담화에 동조될 필요 없어. 누가 뭐래도 나의 길을 가면 되는 거야.

영화 '노팅 힐'(Notting Hill) 내용인데 남자하고 여자하고 같이 잠을 잔 거야. 그런데 여자는 연예인이고 같이 있는 사진이 찍혀서 흥분하고 난리가 났어. 이게 내일 아침에 기사가 날 거라고 막 그래. 그런데 이 남자애는 여자한테 이렇게 말해.

"오늘 아침 신문은 저녁이면 휴지통으로 들어가는 거 아니야?"

나는 그거 보고 깜짝 놀랐어. 직장에서 일어나는 온갖 가십(Gossip)거리나 뒷담화에도 나는 똑같이 그렇게 넘길 수 있어야 한다고 보는 거야. 거기에 신경 쓰면 내 지성과 영성은 완전히 없어지는 거야. 하나님한테 기도하고 성실하게 일하면서 자신의 길을 가면 돼.

유병욱 | 근데 약간 회사가 긍휼해야 하는 영역인가 이게 헷갈리더라고요. 아까 말씀하신 일과 사람이 분리가 잘 안 돼서 그런 걸까요? 사실 저는 되게 긍휼의 은사가 만점 나오는 사람이거든요. 진짜 제 선물이에요.

김종빈 멘토 | 회사에서는 긍휼해야 해. 긍휼이라고 하는 뜻의 정의가 내가 실력이나 내가 권력으로 제압할 수 있음에도 불구하고 그걸 사용하지 않는 거야. 그래서 긍휼하려면 탁월해야 해. 실력이 없으니까 엎어버리는 거지. 그리고 긍휼한 마음이 있으면 하나님으로 받은 은혜로 내가 그 사람을 사랑으로 볼 수 있는 마음이 생

거. 감정이 올라오더라도 그거를 한 번 참으면 다음에도 또 참을 수 있어. 한 번 쓰면 또 써야 해. 그것도 더 강력하게. 내가 지나온 삶을 보니까 멋있지 않다니까. 이제야 아는 거지. 우리가 성경적으로 참는 게 이기는 거야.

유병욱ㅣ 사실 내가 남보다 위에 나를 위치하는 거는 멘탈 관리로는 되게 좋은 방법인데 긍휼은 사실 그건 아니거든요. 나를 넘어서서 그 사람이 되는 게 저는 긍휼인 거예요.

강민수ㅣ 이게 원래 잘 안 되는 거예요. 앞서 우리가 나눴듯이 유일한 해결책, 성령의 도우심이 절실하게 필요하다는 것을 다시 한번 느끼게 됩니다.

2. 소통을 되게 많이 하는데도 상대방하고 잘 통하지 않습니다. 모두가 협업하기 싫어하는 사람, 어떻게 하면 좋을까요?

박선진ㅣ 협업하다가 보면 상대방 태도, 커뮤니케이션에 있어 화가 나는 경우도 많아요. 그래도 저는 그 사람의 강점을 보려고 노력해요. 내 마음에 안 들어도 그 강점을 최대한 활용하면 되니까요.

강민수ㅣ 미국 GE의 前 CEO 잭 웰치는 매년 하위 20%는 구조조정 대상으로 지목했다고 하잖아요. 그리고 다시 기회를 줘서 일정 수준의 성과를 내면 다시 조직으로 복귀시키고. 저는 이 정도의 위기의식은 회사가 구성원들에게 전달해야 협업이 잘되지 않을까 싶어요.

김종빈 멘토ㅣ 소통을 잘 안 되는 얘기는 아이 메시지(I Message)로 전달해서 그런 거 아닐까? 내 얘기를 전하는 거야. 순전히 나의 관점에서 얘기를 전하니까 그 사람으로선 못 알아들을 수도 있지. 해석이 안 돼. 회사조직에서 영업 부서와 개발부서가 다르잖아. 개발부서는 개발 용어로 얘기하고 영업은 영업 용어로 얘기하니까 다르지. 그러니까 상대방의 메시지로 얘기해주면 되지 않을까. 나는 소통이라는 게 상대방의 눈높이에 맞춰서 얘기하는 것이라고 생각해. 그러면 협업이 잘되는 거 아닐까? 그렇게 생각하는 거지.

그래도 요즘은 협업 많이 안 하잖아. 개인의 역량에 의해서 일을 하는 게 아니라 시스템적으로 일하니까. 자기 일하는 거 다 시스템에 올려놓으니까 그거 보고 서로 얘기하면 되는 거지. 이게 안 되면 아직 회사가 시스템적으로 일하지 않는 거야.

유병욱│ 직장생활 하면서 누가 정말 소통을 잘한다고 느꼈냐면 저한테 업무지시를 하는데도 기분이 좋을 때가 있더라고요. 맥락을 다 설명해 줘요. 네가 하는 일이 전체 맥락 속에서 어떤 위치이고, 자기가 원하는 산출물은 어떤 형태의 어느 수준까지이고 그다음 프로세스는 어떻게 밟을 건지도. 자기중심에서 말하는 게 아니라 그게 정말 상대방 처지에서 어떻게 들릴 수 있는지를 고려하고 말하는 거죠.

김종빈 멘토│ 타 부서와 협업하는 경우는 특히 팀장이 잘해야 해. 결국 협업은 관리의 영역이라고 보는 거야. 누가 언제까지 어떻게 일할지를 정해서 관리해야 하는 거고 안 하면 싸움 나는 거지. 리더가 관심을 가지고, 계속 끌고 가줘야 해.

일하는 이유

3. 일의 성과는 만들었지만, 같이 일하는 그 친구는 열심히 하지 않았습니다. 어떻게 대처해야 하나요?

김종빈 멘토 그럼 그걸 그 위에 있는 팀장은 누가 한지 알까 모를까? 다 알아. 그런데 내가 가르치는 학생들한테 팀 과제를 내주면, 어떤 애가 나한테 막 메일 보내온다. 세 명은 했는데 쟤는 안 했대. 그럼 나는 어떻게 할까. 내가 그 친구를 일하게 하라는 의미에서 팀 과제 하는 거라고 얘기해. 만약에 걔가 안 했어도 성적은 똑같아. 왜? 그 팀으로 나가는 거니까. 걔는 뭘 바랐을까? 나는 많이 했으니까 A주고 쟤는 C를 줘야 하고 이거잖아. 기본적으로 팀 성과는 팀으로 받아야 하는 거야. 회사도 그래서 팀 평가 개인 평가 나눠서 평가하는 거고 팀 평가는 모두가 같이 받는 거지. 그리고 동시에 나는 6개월마다 성과 못 내는 애 있으면 대놓고 얘기해. 조금 앞으로 어렵겠다고, 그리고 6개월 정도 더 지켜보겠다고. 그래야 긴장을 하지. 이곳은 일하러 오는 거야. 성과 내러 오는 거고 동호회가 아니야.

Mentor's Tip

직장 관계

주변 동료와의 관계

(김종빈 멘토) 비즈니스의 완성은 예의라는 거야. 주변 동료한테 사소한 걸 부탁해도 항상 고맙다고 얘기해. 이렇게 안 하고 자기가 잘나서 그런 줄 알면 사람들을 되게 미워해. 설령 별로 안 도와줬고 당연히 해야 하는 일이라 하더라도 빈말이라도 해야지. 조직에 있잖아.

실력이 있으면서 덕을 갖추는 게 얼마나 좋은 건데. 주변에서 자신을 미워하는 얘기가 들리면 사실 그 저변에는 시기, 질투가 있어서 그러는데 그걸 뛰어넘어야지. 이걸 못하면 그릇이 자꾸 작아지는 거야. 그 시기, 질투하는 사람까지 다 안을 수 있었으면 참 좋겠다는 거야. 조직에서 적을 만들지 말라는 말 들어봤지? 굳이 적을 만들 필요가 없는 거야. 직급이 올라가면 훨씬 너희가 느낄 수 있을 거야.

(전성미 멘토) 온유라는 건 포용력이에요. 그런데 왜 온유함이 발휘가 안 될까 생각해 봐야 해요. 편안하게 자신을 바라볼 수 있으면 그게 온유이거든요. 결론은 하나님은 우리를 '온유함'에서 '온전함'으로, '온전함'에서 '완전함'으로 이루길 원하는 거예요. 꼭 넘는다는 게 아니라 하나를 이루는 부분의 과정이라는 걸 알고 계셔야 해요. 왜냐하면 이런 것들이 하나님 성품의 한 단락이기 때문이에요. 분명히 그 정서를 우리는 가지고 있어요. 좋은 사람이 일도 탁월하게 하면 매력적이잖아요. 그런데 시간이 좀 걸리죠.

제가 회사를 경영해 보니까 일 잘하는 사람들은 다른 사람하고 같이 묶이는 걸 억울해해요. 주위에 사람들이 볼 때는 일종의 교만인데 그 사람은 억울함을 가지고 있고 더 인정해 주기를 가지고 있죠.

일하는 이유

성과(Performance)

1. 좋은 성과란 무엇인가?

(만약 과정은 좋았는데 결과가 안 좋았다면? 반대로 과정은 안 좋았지만, 결과가 좋으면 좋은 성과라고 할 수 있는가?)

김종빈 멘토 | 결과물은 과정을 따라서 나온 결과물이 좋은 성과 아닐까? 그래서 그 과정이 되게 중요하다고 생각해. 우리가 과정을 얘기할 때 많이 쓰는 용어가 프렉티스(Practice)잖아. 반복하는 과정에 따른 결과물이 좋은 결과라고 보는 거고, 그래서 우리가 프로세스를 중요시하는 거잖아. 만약 프로세스를 따르지 않은 결과물이 나왔을 때는 결과, 즉 열매만 보잖아. 그럼, 거기서 얻어지는 나한테 얻는 러닝 포인트(Learning Point)는 뭘까? 그게 어려운 거지. 예전에 내가 건설회사 컨설팅할 때 건축 산업부가 돈을 엄청 많이 벌었어. 그런데 뭐 때문에 돈을 벌었냐고 물어보니까 다들 모른다고 그래. 그런데 나중에 확인된 게 브랜드 이름을 바꾼 거야. 이편한세상. 그러니까 결과만 이야기할 게 아니라 그 과정에서 러닝 포인트를 찾아내는 게 되게 중요해.

유병욱 | 저는 솔직히 과정이 안 좋아도 좋은 결과가 나오면 좋겠어요. 물론 그게 역량으로 내재화되는 부분에서는 좀 불안함이 있을 것 같아요. 반복 가능성, 즉 성공 프로세스를 알고 있다는 건데 그 요인 분석이 안 되는 거니까. 그래서 사실 그 요인을 어떻게든 찾아야 내야 하는 거죠. 그런데 그게 많은 경우에 또 잘 안 된대요.

사실 MBA 교육은 케이스 스터디를 통해 이미 성공한 사례들을 분석하는 건데 그게 새로운 사업을 하는 데는 별로 도움이 안 된다는 의견이 있어요. 그 이전에 어떻게 성공하는지 그 프로세스를 분석하는 게 실패 확률을 약간 줄일 수는 있어도 새로운 사업의 성공 확률은 올리지는 못한다는 거죠. 결국 모든 게 결과론적이라는 겁니다.

김종빈 멘토 | 경영학에서는 성공 공식을 만들고 싶은 거잖아. 그게 안 되면 성공해도 무엇 덕분에 성공했는지 모르고 그다음 일을 할 때는 성공 공식 없이 그냥 또 해야 해. 굉장히 힘든 일을 계속해야 하는 거야. 나만의 성공 공식이 있어야 하잖아.

"나는 이렇게 하니까 되더라.", "이 일은 이렇게 하면 되더라." 거기다가 상황과 환경이 달라지면 그 변수들을 조작할 수 있는 능력이 생기잖아. 근데 그게 없으면 계속 우리 맨땅이 헤딩해야지. 맨날 새로 시작해야 하잖아. 그러면 계속 요행을 많이 바라잖아. 결국 그래서 나한테 얻어지는 게 뭘까? 내 생각에는 별로 없을 거 같아. 그렇지 않을까? 성공 공식이 모여서 경영에서의 실패 확률을 줄일 수 있고 나에게 자산으로 내재화되는 것 아닐까.

유병욱ㅣ 사실 기존의 성공 공식을 따라서 한다는 게 워터폴(Waterfall) 방식인데 요즘에 애자일(Agile)이라고 하잖아요. 워낙에 이제 세상이 외부의 통제 불가능한 변수가 많다 보니깐 그것에 유연하게 대처할 수 있는 능력이 중요한 시대가 아닐까요?

하지만 말씀하신 것처럼 성공 공식도 중요한 거 같아요. 스타트업에서 한 번 성공하면 그 성공 프로세스를 경험한 창립 멤버들이 거의 다 연쇄 창업을 한대요.

Writer's Tip

좋은 성과란?

옛 속담에 모로 가도 서울만 가면 된다고, 결과론적으로 목표를 달성했다면 좋은 것입니다. 그 과정이 계획과 달리 많은 환경의 변수 등을 통해 계획했던 대로 실행하기 어려웠을 수도 있습니다. 그래서 많은 기업이 환경에 민첩하게 대응하기 위해 OKR, PDCA와 같은 경영성과 관리 툴(Tool)을 통해 계획을 수립하고 실행하려고 노력합니다. 결국 좋은 성과는 끊임없이 실행하고 점검하고 피드백을 통해 다시 계획하는 일련의 프로세스를 통해 만들어진다고 볼 수 있습니다.

---

2. 사업의 성과(성공)를 만드는 사람은 누구인가요?
(비즈니스 통찰력? vs. 경영학 이론? vs. 성공 경험?)

유병욱ㅣ 사실 성공한 많은 경영자가 일단 일을 직관적으로 처리한다고 해요. 그리고 나서 성공하면 나중에 학자들이 이론을 갖다 붙인다는 거예요.

김종빈 멘토ㅣ 솔직히 실제로 사업을 성공시키는 사람들은 우리가 인사이트(Insight)력이 있다고 얘기하지. 직관적으로 그 사업에 대해 진짜 뛰어난 게 있어. 그런데 그걸 이론적으로 백업을 못 해주잖아. 그들은 어떤 이론적인 것보다는 비즈니스의 감각이 뛰어난 거지. 그걸 갖다가 교수들이 경영학에 있는 용어와 이론으로 정리해 주는 거야. 그래야 다음 사람들이 읽고 공부를 하잖아. 경영의 틀과 이론으로 베스트 프렉티스(Best Practice)를 찾아서 벤치마킹하고 또 적용해서 사업의 성공 확률을 높이는 거지.

해피콜(HAPPYCALL) 프라이팬 창업자[2] 이야기 알아? 프라이팬

---

2) 이현삼 회장. 경남 거창 출생. 농업고등학교를 졸업하고 철공소 등에서 막일을 하다가 상경해 남대문시장에서 장사를 배움. 시장에서 토스트 팬 장사를 발견하고 이에 착안해 전국 장터에서 프라이팬을 판매함. 1999년 주방용품 전문 기업 ㈜해피콜을 설립한 이래 양면 팬 2001년 출시, 이후 다이아몬드 팬을 출시하는 등 제품마다 홈쇼핑 매출 기록을 갈아치우며 히트 상품을 선보임. 건강상 이유로 사모펀드에 2016년 약 1,800억에 회사를 매각함.

을 아이디어 하나로 계속 노력해서 만든 거지. 그 사람이 뭐 분석하고 이런 거는 아니었단 말이야. 사업적 감이 굉장히 뛰어난 거지. 스스로 사업적 감도 뛰어났고, 좋은 사람을 만나서 장사도 배웠고 외국에 수출할 수도 있었고, 미국에 가서 별이 붙어 있는 프라이팬을 봤고 그걸 가지고 와서 계속 연구했다고 얘기하잖아. 이런 경우는 좋은 과정을 설계하지 않았지만, 그 과정을 충실히 따랐다고 볼 수 있는 거지. 우연이 아니라 몸으로 체득된 비즈니스 감각이 있어. 그런데 그런 경우가 그렇게 많지는 않아. 대부분은 전략적으로 접근을 하지. 이론을 많이 알면 기본적으로 실패할 수 있는 확률은 많이 줄어드는 거야.

강민수ㅣ 이론을 많이 안다고 해서 성공하는 건 아닌 것 같아요. 확실히 비즈니스에 대해서는 '감'(Business Intuition)이 되게 중요하다고 보는 게 같은 현상을 봐도 어떤 사람은 이게 돈이 된다고 본능적으로 보는 사람이 있는 반면에 그냥 지나치는 사람도 있으니까.

2001년에 짐 콜린스[3](Jim Collins)가 '좋은 기업을 넘어 위대한 기업으로'라는 책(원제: Good to Great)을 발간해서 위대한 회사의 이론을 제시했는데 10년을 못 가서 2010년에는 '위대한 기업은 다 어디로 갔을까'(원제: How The Might Fall)를 발간했어요. 처음 책에서 언급한 회사 중 적지 않은 회사가 망했죠. 물론 위대한 기업이라고 거론되었던 회사들이 몰락의 길을 걸었다고 해서 저자가 제시했던 위대한 기업의 원칙과 이론이 틀린 건 아니겠죠. 어떤 필요조건일 수는 있어도 비즈니스 성공을 위한 필요충분조건은 아니라는 거죠. 만약 이론만 가지고도 충분히 성공할 수 있다면 그 많은 대학 교수님은 사업에 다 성공하셨겠죠. 경영은 유기체이기 때문에 그 정도로 복잡하고 상황에 따라서 유연하게 대처할 줄도 알아야 하며 이론도 시대에 맞게끔 발전 또는 변형시켜서 적용해야 하는 거죠. 그래서 이게 어려운 겁니다.

유병욱 | 저는 이 통찰이라는 게 빅 데이터(Big Data)에서 온다고 배웠습니다. 그러니까 아무것도 모르는 상황에서 그 감이 발휘되

---

3) 세계적 석학이자 경영의 구루. 그의 저서 〈좋은 기업을 넘어 위대한 기업으로〉를 출간한 지 10년도 채 지나지 않아 자신이 선정한 위대한 기업들이 몰락하는 것을 보면서 그들이 몰락하는 이유를 연구한 끝에 〈위대한 기업은 다 어디로 갔을까〉를 출간하며 위대한 기업도 언제든 쓰러질 수 있으며 '몰락의 5단계' 이론을 제시한다.

는 게 아니라 굉장히 다양한 지식을 습득하고 체득한 사람이 가질 수 있는 거 아닐까.

김종빈 멘토ㅣ 소위 성과를 내는 경영자는 세 가지가 있어야 해. 첫째, 인사이트(Insight). 둘째, 지식(Knowledge). 셋째, 경험 (Experience). 이 세 가지가 맞물려 돌아갈 때 성공 확률이 엄청 높은 거야. 근데 대부분 사람이 한쪽만 가지고도 해내는 사람들이 있잖아. 인사이트력으로 저 사업은 성공하고 돈이 될 것이라고 딱 잡아낸다니까.

그런데 우리가 볼 때는 세 가지가 다 있어야 한다는 거잖아. 그래야 실패 확률도 낮으니까. 이게 없으면 불안정하니까 균형 잡힌 모습으로 가려고 노력을 하는 거지. 자 그럼 거꾸로, 질문이야. 이 중에서 제일 힘든 사람이 누굴까? 지식 가지고 하는 사람들이 성공하기 제일 힘들어. 교수들이 사업하면 실패할 확률이 높지.

전성미 멘토ㅣ 사실 사업을 경험하고 인사이트로 하면 재미있어요. 즐겁고 훨씬 에너지도 많고 마치 홍해를 건너가는 느낌, 문을 짝 짝 열어주는 느낌이 들었어요. 그런데 뒤에 지식이 들어오면서 혼동이 생겼죠. 그러나 지금 말씀하신 것처럼 이 3가지가 정립되면 다시 새로운 게 만들어져요. 저 같은 경우는 지식이 들어갈 때 혼

동의 시간이었어요. 홍해가 아니라 이제는 요단강인 거죠. 진짜 많이 작아지고 우울했어요. 그런데 완전히 다른 게 됐어요. 이게 맞아요. 조화롭고 성장이 되고 이제는 모든 것을 기도로 준비하는 게 습관이 됐죠.

김종빈 멘토 I 내가 처음 전성미 멘토 강의를 들었는데 PPT 한 페이지도 없이 막 2시간을 하더라. 내가 물어봤어. 어떻게 하냐고. 얘기하는 게 '영'으로 한데. '성령'의 힘으로. 그건 맞는 것 같은데. 할 때마다 내용이 다르잖아. 되게 신기했어. 어떻게 그렇게 2시간을 아무것도 없이 뱉으면 나오는 거야. 완전 자판기처럼.

자 그럼 홍해가 요단강으로 바뀌면 뭐가 좋아질까? CEO 입장에서는 이게 지식적으로 자꾸 접근하니까 검토할 것도 많아서 짜증이 나는 거야. "꼭 배워야 해?" 이러잖아. 왜냐하면 인사이트와 경험이 뛰어난 사람들은 그냥 막 지르면 되거든. 그리고 되게 재미있거든. 그런데 옆에서 자꾸 이거 검토해 봤냐 그러니까 짜증이 나는 거야. 어려운 거 같지만 지나고 나면 뭐가 좋아질 것 같아? 단계적으로 성장이 돼. 이제는 빅 데이터 시대잖아. 데이터가 있어야 해. 그래야 내가 통찰력도 생기는 거야. 이제는 데이터에 기반을 두지 않으면 어려워. 감으로만 경험으로만 하는 사람들은 앞으로 되게 어려울 수밖에 없어.

3. 리더의 딜레마

(수단과 방법을 가리지 않고 성과를 내는 사람을 어떻게 관리해야 하나요?)

강민수ㅣ 영업에서는 비용을 쓰는 것이나 고객을 관리하는 방법에 있어서 심심치 않게 회사의 규정과 영업활동이 어긋나는 것이 있어요. 리더의 관점에서는 회사의 규정에 일부 어긋나더라도 어떤 방법이든지 매출을 가져오는 팀원이 예뻐 보일 것 같은데요.

김종빈 멘토ㅣ 나는 계층마다 좀 다르다고 생각해. 일단 팀장이 되면 일단 제일 쪼이는 게 뭐야? 올해 성과야. 단기 성과지. 그래서 이번 목표를 어떻게든 달성하는 게 중요해. 그럼 본부장 정도 되면 어떻게 바뀔까? 올해 업무 50%, 내년 업무 50% 이렇게 보지. CEO 입장은? 3년, 5년, 10년을 내다보고 일을 하지. 그래서 올해도 중요하지만, 최소한 3년 후에 회사가 뭐 먹고 살지에 대한 고민이 많아. 대기업 회장님은 10년을 내다보지. 멀리 보는 거야. 기업이 크면 클수록 멀리 보게 돼 있어. 마치 우리가 운전할 때 스킬이 좋으면 멀리 보기 시작하잖아. 똑같아 경영 역량이 올라가면 멀리 보게 되는 거야. 자 그럼 CEO 입장에서 보자. 자꾸 원칙을 어기면서 일을 하면서 성과를 내는 건 좋지 않아. 앞으로는 어떡하려고? 이게 괜찮다고 생각하면 이상한 회사가 되는 거야. 이런 걸 잡아내야지.

특히 난감한 게 영업이야. 자기가 씨를 뿌리고 신규 고객 개발하고 공을 들이고 열매 맺어서 온 거는 진짜 작아도 다음에 기대가 되는데, 제일 불안한 게 크게 하나씩 가져오는 성과야. 그럼 다음은 있을까? 없을까? 그리고 그 친구가 있어야지만 큰 것이 있다고 하면 여러분은 그 친구만 쳐다봐야 해. 그럼 한 명에 의해서 조직이 움직이잖아. 그래서 큰 거는 나는 선물이라고 그래. 예기치 않은 게 온 거야. 그걸 실력으로 보면 안 되는 거지.

유병욱 저는 아슬아슬하게 선을 타면서 더 나은 성과를 내는 사람은 약간 도가 트인 사람이 아닌가 생각이 들어요. 어쩌면 회사의 어떤 규정이 이 사람의 능력을 못 쫓아가고 있는 거 아닐까? 규정을 완전히 무시하지는 않으면서 그 경계선을 넘나들며 더 나은 결과물을 낼 수 있는 능력이 있는 사람이라고 생각이 듭니다.

이게 군대에서도, 소위 FM으로 하는 친구들은 병영 생활에서는 귀염받죠. 그러나 실제 전시 상황에서는 사실 그 FM보다는 진짜 결과를 내는 게 더 중요하거든요. 즉, 내가 안 죽고 적을 사살하는 것이죠. 좋은 프로세스도 사실 성과를 달성하기 위해서 좋은 프로세스가 있는 거지. 좋은 프로세스를 자체가 절대 선은 아니라고 생각해요.

김종빈 멘토ㅣ 그런데 우리가 얘기하는 건 좋은 프로세스가 좋은 성과를 내는 확률이 높은 거지. 예를 들어서 요즘 반도체 칩 구하기 굉장히 어렵잖아. 지금 같은 경우에는 좋은 성과는 뭘까? 구해야 하는 거야. 그러면 과정은 뭐야. 열심히 뛰어야 하는 거야. 남들보다 더 많이 뛰고 그동안 알고 있던 인맥을 다 동원하고 해서 그걸 구해다 놓는 거지. 이럴 때는 성공 확률이 높은 거를 빨리빨리 실행해야지. 비싸게 사도 그때는 비용이 중요한 게 아니지. 구했냐 아니냐가 굉장히 중요하지.

4. 윤리 경영 (원칙중심 경영)

김종빈 멘토ㅣ 그래서 일반적으로 우리가 얘기하는 원칙중심 경영이 중요하다는 거야. 왜? 기업이 한 번 망가지는 건 순식간에 망가지니까. 그래서 감사실은 사후 감사가 아니라 사전 감사를 해야 해. 어떤 사건이 터지고 난 건 아무 의미 없어. 사후 감사해서 잘 잘못을 따지는 게 경영에서 무슨 의미가 있을까? 벌주고 나면 뭐해. 다 저질러졌는데.

강민수 | 보통 일반 사람들은 회사의 규정이나 원칙을 자신한테 유리한 쪽으로 해석해요. 저도 그랬고요. 그런데 저와 같이 일했던 직장 상사분은 그 규정을 해석하는 게 달랐어요.

"민수야, 규정은 자신한테 불리하게 해석하는 거야."

좀 미련할 정도로 불리하게 해석하더라고요. 왜 법인카드를 써도 되는데 왜 자기 개인 카드를 사용할까? 그게 처음에는 이해가 안 됐어요. 그런데 시간이 지나면서 알게 되었어요. 직장생활을 하면서 여러 가지 일을 겪게 되면서 저한테 유리하게 해석한 부분들이 결국에는 부메랑처럼 돌아와서 감사 대상이 되고 해명을 해야 했죠. 그 시간 동안 제가 업무에 집중할 수 있었겠습니까? 깨달았죠. 조금 손해 보는 것 같아도 불리하게 해석하는 것이 지혜로운 거였구나.

김종빈 멘토 | 그럼 이런 원칙을 안 지키면 어떤 일이 벌어질까? 업무의 비효율적인 부분이 늘어나게 돼. 융통성은 윗사람이 결정하는 거야. 설령 고객이 임원한테 연락하는 한이 있더라도 실무자는 원칙대로 일하는 거야. 중요한 건 임원은 그 실무자를 탓해서는 안 돼.

강민수 | 저와 같이 일하는 친구에게 업무지시를 하면서 예외 케이스를 하나 만들었어요. 그 상황을 판단해 보니 이건 예외를 만

들어도 되겠다고 싶어서 그렇게 처리했는데 문제는 그다음이었어요. 예외를 한번 만들고 나니깐 그다음부터 계속 물어봐요. 너무 귀찮기도 하고 일 처리가 비효율적인 거죠. 저의 시간과 에너지 소비는 물론 제가 의사결정을 하지 않으면 이 친구는 일을 못 하고 있어요.

유병욱 | 어떤 규칙들을 정확하게 지킨다기보다는 저는 이 규칙이 왜 존재하는지를 해석하는 사람, 즉 그 정신만 지켜지면 이 명문화된 문장 자체를 지킬 필요가 없다고 생각하는 쪽이에요.

사실 어떻게 보면 성경의 바리새인들도 저는 그랬다고 생각을 하거든요. 율법을 율법 그대로 지키려고 하고 그 율법의 정신을 이해하지 못한 거죠. 예배에서도 보면 찬양 시간이 진행계획표에 딱 정해져 있잖아요. 그리고 그게 늦춰지면 당연히 뒤에 순서도 다 늦어지게 되니 그 주어진 시간을 맞춰야 한다고 주장하는 사람들이 있었어요. 저로서는 사실 좀 아쉬웠거든요. 예배가 늦게 끝날 수도 있지만 만약에 찬양 시간이 너무 불타오르면 저는 그걸 길어지게 하는 게 맞다고 생각하거든요.

사실 어떻게 보면 지금 오늘의 담화에서는 이제 원칙대로 가야 한다는 쪽으로 많이 이야기가 갔는데 이게 좀 위험성이 있어요. 본질적으로 그 정신을 지키는 게 더 중요한 게 아닌가. 사실 예배에서 제일 중요한 건 하나님을 만나는 것이에요. 그래서 그 하나님을 만난다는 그 목적을 이루기 위해서 저는 큐시트는 다 조정될 수 있다고 보는 거죠. 그 성령의 흐름, 맥락을 딱 끊어버리는 게 맞는 걸까요?

김종빈 멘토ㅣ 원칙이라고 하는 것에 앞에는 항상 실행이라고 하는 게 있어. 실행원칙! 실행이 생략된 원칙이고 지키기 위한 원칙이 아니라니까. 예를 들면 사우스웨스트 에어라인(Southwest Airlines)이잖아. 이 회사의 원칙은 굉장히 빠른 비행시간이야. 그러니까 고객에게 항공편을 빨리 연결해주는 거야. 그럼 보자. 만약 준비 시간을 원칙으로 삼지 않고 비행기가 날아가는 시간을 지키는 걸 우리는 원칙을 잡기 때문에 어떻게 할까? 그 시간에 맞춰서 필요한 것만 점검하고 청소하고 끝내는 거지. 고객이 봐도 문제가 되지 않는 것은 지나치는 거야. 청소하는 방법도 바뀌는 거지. 청소기로 하지 않고 휴지 같은 건 막 주워서 청소하고 끝내 시간을 딱 맞춰. 제시간에 비행기를 정상적으로 띄우는 게 중요한 거지.

자 그러면, 우리가 아까 얘기한 거잖아. 우리가 찬양이라고 하는 게 은혜가 받았으면 이게 늘어나기도 하고 줄 수도 있잖아 그러면 어떤 원칙을 세워야 할까? 예배는 한 시간 안에만 마치면 되는 거야. 큐시트를 지키는 원칙을 세우면 잘못 세운 거야. 큐시트를 지키는 목적, 그 가치가 뭐야? 예배 시간이 길어지지 않도록 하는 거 아니야. 예배를 제 시간에 마쳐야 다음에 소모임도 가고 하잖아. 그러면 예배 전체 시간을 지키는 원칙이 중요하지, 그 안에서 찬양을 왔다 갔다 하는 건 중요한 일이 아니라니까. 세부적인 모든 것을 다 맞추고자 하는 걸 우리는 이제 관료주의적인 거라고 얘기하는 거잖아. 그건 원칙을 위한 원칙이지. 모든 사람을 피곤하게 하는 거야. 원칙을 잘 세워야 해.

평가(Assessment)

1. 좋은 성과가 좋은 평가로 이어져야 하는데 연계되지 않는 경우가 있습니다. 이유는 뭘까요?

> **◆ 좋은 성과가 좋은 평가로 이어지지 않는 사례**
>
> 1. 성과가 아닌 온정주의 인사 시스템으로 특정인을 좋게 평가하거나 진급 연차 사람에게 평가 몰아주기
> 2. MBO[4]와 상관없이 평가권자의 정성적 내용으로 평가가 이뤄지거나 KPI[5] 기준이 아닌 이미 정해놓은 평가를 각 기준에 맞춰서 부여하는 방식
> 3. 일 잘하는 직원에게 항상 좋은 점수를 줄 수 없으며, 승진이 누락된 팀원에게 좋은 점수를 줌으로써 기회를 제공한다는 의견
> 4. 일 하나로 평가하기에는 모든 팀원을 이끌어 가는데 어렵다고 피력하며 모든 사람에게 동기부여가 필요하다는 의견. etc.

---

4) MBO(Management by Objectives) 목표관리 기법. 조직의 상하 구성원들이 참여의 과정을 통해 조직 단위와 구성원의 목표를 명확하게 설정하고, 그에 따라 생산활동을 수행하도록 한 뒤, 업적을 측정·평가함으로써 관리의 효율화를 기하려는 포괄적 조직관리 체제이며 연간 업무 평가에 주로 활용됨. (출처: 네이버 지식백과, 행정학 사전)

5) KPI(Key Performance Index) 핵심성과 지표. 목표를 성공적으로 달성하기 위해 핵심적으로 관리해야 하는 요소들에 대한 성과지표를 말하며 보통 MBO 평가의 기준 지표가 됨. (출처: 네이버 지식백과, 시사경제용어사전)

유병욱| MBO는 목표 달성 여부 기준을 어떻게 쓰는지에 따라 다르게 해석될 수도 있잖아요. 그래서 해석하기에 따라서 달성했다고도 볼 수 있는 거죠. 저는 이제 MBO가 어떤 사람이 실제로 얼마나 일을 잘했는지를 기본적으로 반영을 못 한다고 생각을 해요. 예를 들어서 MBO를 달성 못 했어도 이 사람이 진짜 팀이나 회사를 위해서 여러 일을 했으면 MBO와 상관없이 솔직히 "네가 일 잘한 거 안다." 하고 평가할 수도 있는 거잖아요.

김종빈 멘토| 나는 먼저 평가 체계의 문제라고 생각해. 그렇게 손을 댈 수 있는 상황을 안 만들어줘야 하잖아. 먼저 평가 시스템이 정확하게 동작하지 않는 문제가 있는 거지. 두 번째는 평가자의 문제가 있는 거고.

외국계 기업들은 평가를 분기에 한 번씩 한단 말이야. 그리고 결과를 확정해 버리는 거야. 그럼 연말(마지막)에 바꿀 수 있는 거는 한 번밖에 없어. 중간에 평가한 걸 고칠 수 없어. 근데 1년에 한 번만 해버리니까 마지막에 잘한 사람들이 잘한 것처럼 보이는 착시 효과가 있지. 그럼 여태까지 한 건 뭐가 되는 거야. 우리 인사 시스템이 자꾸 잘못 작동되고 있는 거야. 승진이 누락 된 친구에게 좋은 평가를 준다? 만약 이다음에도 이런 친구가 오면 어떻게 하지? 또 그렇게 갈 거잖아. 그 친구는 누락돼야지. 그선에 잘했어야지.

20년 전 온정주의 인사 시스템이라고 하는 거야. 그래서 이걸 없애기 위해서 직급을 없앴잖아. 사원, 대리, 과장, 차장, 부장 이런 게 뭐가 중요해. 팀장이냐 팀원이냐 그리고 연봉이 더 중요해졌지.

2. 그렇다면, 앞으로는 어떻게 행동해야 할까요?

김종빈 멘토ㅣ 자, 여기서 질문! 여러분이 이런 상황이면 어떻게 하겠어?

강민수ㅣ 뭐라고 합니까? 팀장이 그렇게 하겠다는데.

이하은ㅣ 저는 뭔가 직접적으로 말씀을 못 드릴 것 같고 중간중간에 티를 좀 낼 것 같아요.

유병욱ㅣ 요즘 같은 시대에 능력대로 평가하지 않으면 능력 있는 이들은 이직할 것 같습니다.

박선진ㅣ 저는 왜 그렇게 해야 하냐고 얘기를 할 것 같아요.

전성미 멘토 | 저는 똑같은 경험이 있어요. 진급하지 말아야 할 친구를 그렇게 키웠거든요. 일부러 더 올려줬어요. 저는 그런 리더였기 때문에. 결론적으로 그랬더니 정말 아니었어요. 다시 그 입장에 간다면 성과 중심, 원칙중심으로 해야겠다는 생각이 들어요.

김종빈 멘토 | 여러분들이 팀장이라고 생각해봐. 그리고 밑에 있는 직원이 팀장에게 정당하게 얘기를 해. 그러면 팀장이 팀원들을 무서워하게 되지 않을까? 팀장을 무서워하게 만들어야 하는 게 직원들의 의무라고 나는 생각해. 여러분들이 자꾸 피하고 정치하고 이러면 안 되는 거지. 논리와 원칙대로 말해야지.

"우리 회사가 앞으로 발전하려면 실력주의 인사 시스템에 가야 하고 성과주의 시스템을 표방했으면 그렇게 가주셔야죠. 저는 그게 맞다고 생각합니다."

이렇게 딱 의견을 말하고 더는 토를 달지 않는 거야. 결정은 당신이 하시라고 말하는 거, 그게 밑에 사람이 할 수 있는 일이야. 여러분들은 아직 젊잖아. 나는 그게 여러분들이 조직을 좋은 조직으로 끌고 가는 거라고 생각해. 그 사람들이 직원들을 두려워할 줄 알아야 해. 그렇게 여러분들이 조직 생활을 했으면 좋겠다고 생각하는 기야.

그런데도 조직이 똑같다? 변화가 없으면 나와야시. 이직해야지.

왜? 내가 얘기해도 안 되는 조직이라면, 내 가치관이랑 안 맞는 조직에서는 일할 수가 없는 거야. 월급이 아무리 많아도 내가 그 일을 하면서 내가 굉장히 피곤한 거야.

그런데 그게 받아들여지고 그렇게 바뀌면 그 조직이 좋아지는 거지. 팀장 관점에서 어떤 일이 정상적으로 하지 않으면 어떤 친구는 매일 와서 얘기하고 그러면 그런 친구를 되게 두려워해. 무리수가 통하지 않지. 반말하지도 않고. 근데 맨날 하라는 대로 하는 친구가 있으면 제일 만만해. 그렇게 생각한다니까. 조직의 생리가 그래. 왜 사람이니까. 편한 사람이 있어. 팀장은 분명 잡음 없이 조직을 운영하려고 할 거야. 어떤 친구한테 약간의 보너스 같은 것으로 비스킷 하나 주고 그 상황을 넘어가거나, 만만한 친구한테는 막 협박도 하고 그러잖아. "그만둘 거야?" 막 그러고. 성과를 내면서 정확하게 하는 친구한테는 원칙적으로 접근할 수밖에 없어. 그러면 여러분들이 어떤 대우를 받으면서 직장생활을 할 수 있는 건 여러분 자신에게 달린 거라고 생각해. 조직에서 나는 이런 사람이라는 자기 포지션은 자기가 찾아야지. 자신의 상관이 비스킷 하나 줬다고 고마워하면서 그냥 넘어가고 그러면 자신한테 도대체 뭐가 남는 걸까?

3. 평가의 목적은 무엇인가요?

김종빈 멘토ㅣ MBO의 가장 중요한 건 목표를 세우는 거고 더 중요한 거는 매월 피드백 미팅을 하는 거야. 이걸 통해서 계속 목표치에 다가갈 수 있는 거지. 목표를 달성하지 못한 이유는 무엇이고 달성하기 위해서는 무엇을 도와줘야 하는지 커뮤니케이션을 하는 거지. 피드백이 없으면 아무 의미 없는 거야 그거는 그냥 시험 보고 너 몇 점 받았다고 평가하고 그냥 끝이라는 거야. 매월 지속적인 평가와 피드백을 통해서 발전하게 되는 거야. 이게 평가의 목적이야.

미래(Future)

1. 미래를 어떻게 준비할 것인가?

김종빈 멘토 | 미래에 대해서 많이들 얘기해. 코로나 이후에는 어떨 거냐. 뭘 할 거냐. 모든 사람의 관심 영역일 거라고. 지금은 다 몰라. 혼란스러우니까. 불확실하니까.

그런데 그 미래를 우리가 하나님한테 "어떻게 될까요?" 자꾸 묻고 또 물으면서 고민해 간다면 알 수 있지 않을까? 그러면 남들한테 우리가 디렉션(Direction) 해줄 수 있는 게 생기거든.

나는 미리 생각해 봤던 것들이 이루어질 때 되게 재밌더라. 우리한테만 주어진 하나님의 특권이 성령을 받은 건데 우리가 미래를 못 본다? 이게 말이 안 되잖아. 하나님은 과거, 현재, 미래를 다 알고 계시고 하나님의 미래에 우리가 나아가는 거잖아. 이렇게 생각하면 우리가 간절히 원하고 바라면 당연히 하나님이 우리에게 알려주시지 않겠냐는 거지. 그게 선지자잖아. 성경의 선지자들은 다 미래를 이미 예견했잖아. 그렇다면 여러분들도 각자의 위치에서 각 분야에서 미래를 알 수 있고 그것을 통해 최고가 될 수 있어.

다니엘서 마지막 12장에 보면 진짜 재미있는 말이 나와. 앞으로의 세상에 관해 이야기하고 있어.

> "다니엘아 마지막 때까지 이 말을 간수하고 이 글을 봉함하라 많은 사람이 빨리 왕래하며 지식이 더하리라" (단12:4)

요새 엄청 빨라지지 않아? 그런데 지금 지식이 더해지고 있지. 엄청나게 늘어나잖아. 이 당시에도 이랬어. 그리고 13절 "너는 가서 마지막을 기다리라 이는 네가 평안히 쉬다가 끝날에는 네 몫을 누릴 것임이라" 네 몫을 누린다는 이 대목에서 와 닿았어. 우리한테 주어진 몫이 있어. 그거를 우리가 누리고 살아야 해.

강민수 | 제가 입사할 때 4차 산업혁명이라는 얘기를 참 많이 들었어요. 세상이 바뀌고 있다는 거죠. 4차 산업혁명의 키워드를 초연결, 융합, 인공지능(AI) 등으로 정리할 수 있는데, 이 기술을 가지고 누가 어떤 서비스를 만들 것이냐는 숙제로 남아 있죠. 그러나 확실한 건 우리가 상상하는 미래는 현실이 돼요. 우리가 인지하지 못해도, 누군가는 지금도 그 미래를 현실로 만들기 위해서 노력하고 있으니까!

어느 순간 일상으로 다가온 변화를 한번 살펴보세요. 카페에 IT가 결합하더니 사이렌오더가 만들어졌고, 숙소가 IT가 결합하더니 에어비앤비가 만들어지고, 택시와 IT가 만나서 우버가 탄생했어요. 미래를 준비하는 가장 현명한 방법은 미래를 정확하게 예측하고 기다리는 게 아니라 우리가 생각한 비전과 꿈대로 만들어 가는 것이라는 말이 기억에 남아요. 덧붙이자면 이건 단순히 회사 경영 또는 사회 전반에 관한 문제가 아니라 자신의 직업에도 적용 가능하다고 봐요. 왜냐하면 저는 이 당시에 굉장히 불안했거든요. '업'에 대한 불안이 있었던 거죠. 사라질 직업과 유망한 직업이 무엇인지 알아보고 했던 기억이 나요. 그리고 적지 않은 일을 AI가 대체할 것이라는 생각해요. 그러나 저는 '업'의 본질은 바뀌지 않는다고 결론 내렸어요. 제 '업'의 정의를 '명사'형인 단순히 영업/마케팅 또는 기획 이렇게 규정하지 않고 '동사'형으로 정의해 본 거죠. 일례로 '복잡하게 얽혀 있는 이슈와 문제를 심플하게 그려내고 해결해 내는 전략가'라고 했어요. 앞으로 미래는 더욱더 복잡해진다고 하잖아요. 기업 간, 개인 간 경쟁도 더욱 심해질 것이고. 그럴 때일수록 복잡한 문제를 해결하는 '업'은 시대를 관통하는 일종의 본질이라고 본 거죠.

2. 위대한 회사를 경영할 미래의 리더는 누구인가?

김종빈 멘토ㅣ CEO는 누가 될까?

전략적 의사결정을 잘하는 사람이 돼. 결정을 안 해주는 이런 사람들은 CEO가 되기 어려워. 엔지니어(Engineer)나 파이낸스(Finance) 하던 사람이 CEO가 될 수 있는 확률도 그렇게 높지 않아. 특히나 재무 쪽은 전문가 영역이지. 물론 엔지니어는 사업 초기 단계에는 필요해. 그런데 사업과 조직이 커지면 전문 경영인으로 넘어갈 수밖에 없어. 전문 경영인은 심지어 기술적 지식을 몰라도 할 수 있어. 기술적 메커니즘(Mechanism)만 알면 되니까. 사실 CEO들이 제일 많이 하는 것 중의 하나가 영업이잖아. 그런데 이제 영업도 전문가 영역으로 많이 가고 있지. 요즘은 다 전문화되니까. 요즘에는 제일 우수한 인재를 영업에다가 많이 배치 하잖아.

CEO는 최종 의사결정을 하는 사람이야. 이 길이냐, 저 길이냐를 결정해줘야 하는 사람. 항상 선택의 갈림길 앞에 서면 양쪽 다 리스크가 있지만, 전략적으로 의사결정을 해야 하는 사람이고 제일 먼저 고려해야 할 게 뭔지를 본인이 결정하는 사람이지. 결국 이게 돈이 되느냐 또는 사업의 본질적 가치를 올릴 수 있는 것인지를 기준으로 결정하겠지.

CEO는 향후 5년 이상을 봐야 해. 남들이 보지 못하는 거를 볼 수 있는 역량이 있어야 하는 거야. 그래서 회의하면 사람들 얘기를 일단 다 들어. 근데 이건 참고하는 거야. CEO는 회의에서 얘기를 듣고 결정하지 않아. 벌써 회의 들어가기 전에 자기가 다 분석하고 결정하고 온 거야. 그 회의는 구성원들이 목표를 향해 전력을 다하게 하는 게 목적이지.

그럼 이 사람들이 제일 답답한 게 언제일까? 보이지 않을 때야. 이때는 의사결정을 못 해. 밑에 있는 사람들은 뭘 해줘야 해? 의사결정을 할 수 있도록 보이게 해줘야 해. 그런데 그 역할을 못 해주면 의사결정을 할 때까지 시간이 걸리는 거지. 그래도 의사결정 되고 나서는 엄청 빠르게 진행되지.

3. 최근 앞으로 경영 환경과 관련해서 자주 언급되는 게 ESG가 있어요. 이게 왜 중요한 건가요?
(비즈니스의 본질 vs. 시간이 지나면 사라지는 개념)

김종빈 멘토 | 우리가 요즘 계속 얘기하는 게 ESG 개념이잖아. 나는 이게 하나의 유행을 따라가는 게 아니고 펀더멘탈(Fundamentl)적인 걸로 봐. 이제는 이게 안 이뤄지면 경영하기가 굉장히 어려워지는 거지. 쉽게 얘기하면 기업이 혼자 잘한다고 되는 게 아니라는 거를 알아가는 단계가 아닐까? 특히나 환경이라고 하는 부분이 되게 중요한 부분이니까. 환경 한번 망가지면 끝이야.

그리고 기업이 사회적 기준에 맞는 공정성, 투명성을 가지고 갈 수 있느냐 이런 부분도 중요하지. 이제는 우리가 꼭 가지고 가는 부분인 거야.

이제는 이 사회적 책임에 대한 것이 구축되지 않으면 사업하기 어려워져. 그래서 ESG에 관한 부분들을 신경을 써야 하고 경영 환경에 적용해야 한다고 보는 거야. 나만 잘한다고 회사가 되지 않는다니까. 이게 안 되면 운영 자체가 안 되는 거잖아. 앞으로 이런 문제들이 전 지구적 문제로 예견돼서 그래.

강민수ㅣ 실제로 우리나라 정부 정책적으로 25년부터 자산 총액이 2조가 넘는 상장사는 ESG 공시 의무화가 도입되고, 30년부터는 상장사 전체로 확대된다고 해요. 이는 재무적 수치 이외에 기업의 사회적 책임 활동이 앞으로 기업의 가치를 평가하는 지표로 자리 매김할 것이라고 얘기하죠. 대기업의 최고경영자들이 신년사에서 ESG 경영을 강조한 것도 이와 같은 맥락이라고 저는 이해했어요. 사안에 따라 다르겠지만 그 정도 위치에 올라가 있는 분들은 앞으로 3년, 5년을 내다보고 회사 경영을 한다고 하잖아요. 그래서 최근 주식시장에서는 전기차, 배터리, 친환경 에너지 분야에서 두각을 나타내는 기업들의 가치가 많이 올랐죠.

ESG의 정의

기업의 비재무적 요소인 환경(Environment)·사회(Social)·지배구조(Governance)를 뜻하는 말. 투자 의사 결정 시 '사회책임투자'(SRI) 혹은 '지속가능투자'의 관점에서 기업의 재무적 요소들과 함께 고려한다. 사회책임투자란 사회적·윤리적 가치를 반영하는 기업에 투자하는 방식이다. 기업의 재무적 성과만을 판단하던 전통적 방식과 달리, 장기적 관점에서 기업 가치와 지속가능성에 영향을 주는 ESG(환경·사회·지배구조) 등의 비재무적 요소를 충분히 반영해 평가한다. 기업의 ESG 성과를 활용한 투자 방식은 투자자들의 장기적 수익을 추구하는 한편, 기업 행동이 사회에 이익이 되도록 영향을 줄 수 있다.

지속가능한 발전을 위한 기업과 투자자의 사회적 책임이 중요해지면서 세계적으로 많은 금융기관이 ESG 평가 정보를 활용하고 있다. 영국(2000년)을 시작으로 스웨덴, 독일, 캐나다, 벨기에, 프랑스 등 여러 나라에서 연기금을 중심으로 ESG 정보 공시 의무 제도를 도입했다. UN은 2006년 출범한 유엔책임투자원칙(UNPRI)을 통해 ESG 이슈를 고려한 사회책임투자를 장려하고 있다. (출처: 네이버 지식백과, 두산백과)

Part
3

신사업 기획[주차장 사업]

1. 이슈 사항

- 인천공항 근처(차량 5분 소요) 500대 규모의 주차빌딩 매입
- 운영을 위해 내/외관 보수공사가 필요하여 약 4억 비용 지출하였으나 검증의 어려움이 있음(적정 가격에 대한 이슈)
- 코로나 이후 주차장 운영에 대한 전략/계획 수립 필요

◆ 주차장 운영계획(안)

1안) 기존 동일(사설 주차장 운영)

2안) 주차 外 애견호텔, 전기차충전소, 카페 등을 통한 부가가치 창출 ⇨ 2안의 경우 셔틀버스 운영, 제휴 협력, 추가 부지 매입 등으로 시뮬레이션 결과 최소 약 20억 소요되며 BEP[6]까지는 약 7년 소요될 것으로 예측됨

---

6) BEP(break-even point)는 일정 기간 수익과 비용이 같아서 이익도 손해도 생기지 않는 경우의 매출액으로 손익분기점이라고 한다(출처: 시사·경제 용어 사전)

2. 주요 논의내용

상품기획 이론: KANO Model

김종빈 멘토ㅣ 카노분석 모델[7]을 통해서 접근해보면 어떨까?

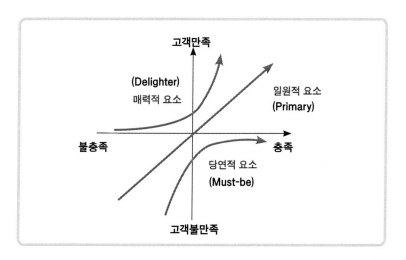

먼저 당연히 해줘야 할 서비스가 바로 업의 본질이겠지. 예를 들

---

7) 카노 모델은 카노 노리아키(狩野紀昭)에 의해 1980년대에 연구된 제품 개발에 관련된 상품기획이론이다. 이면 상품을 기획할 때 각각의 구성요소에 대해 소비자가 기대하는 것의 충족, 불충족이라는 객관적 관계와 소비자의 만족, 불만족이라는 주관적 관계 사이의 상호관계를 통해 6가지 품질요소로 구분하여 설명한다.

어, 맡긴 차량을 안전하게 보관해 주는 것(Must-be). 사고 나거나 누가 내 차를 타고 가고 이러면 안 되는 거잖아. 이 부분은 불만족을 불러일으킬 수는 있지만, 만족을 증대시키진 않아.

그다음은 주차에 필요한 고객의 요구사항을 얼마나 반영할 수 있는지 살펴봐야 해(Primary). 예를 들면 앱으로 주차 가능 여부를 확인해 볼 수 있거나 미리 자리를 예약하는 거지. 이건 요구사항이 충족될수록 고객 만족을 낳는 부분이야.

마지막으로 매력적인 요소(Delighter)를 생각해 봐야지. 다른 사람들이 하지 않는데 자신만이 제공할 수 있는 것이 뭐가 있을까 고민해야 해.

이런 이론적 생각의 틀을 가지고 접근하는 것과 무작위로 일을 하는 거는 일에 대한 속도가 달라.

박선진ㅣ 비즈니스를 시작할 때 그 사업을 왜 하려고 하는지. 어떤 가치 때문에 하려고 하는지 먼저 정하는 게 중요할 거 같아요. 이런 본질적인 걸 규정하면 사업의 방향성과 의사결정에 기준이 되지 않을까요?

유병묵ㅣ 그런데 사실은 우리가 앞서 얘기했던 애견호텔이나 놀이터, 카페 등 다 필요한 서비스이긴 하지만 평범하다고 생각하거든요. 이미 카페나 이런 건 공항에도 있는데 굳이 주차장에 갈까요? 뭔가 고객들이 직접 오게끔 하는 그런 매력적인 요소 찾기 위해서 는 굉장한 고민을 하셔야 할 것 같다고 생각했었어요.

강민수 | 그러면 업의 본질(Basic)에서 매력적인 단계(Delight)로까 지 한꺼번에 가는 것보다는 단계적으로 가는 것은 어떨까 싶어요. 어차피 지금 당장 유지보수가 끝나지 않아서 운영 못 하잖아요? 매력적인 요소 아직 잘 모르지만, 일단은 운영할 수 있는 수준으 로 최대한 빨리 만들어 내고 딜라이트 쪽으로 옮겨가는 방향은 어 떨까요?

김종빈 멘토 | 단계적으로 가는 건 어려워. 세 가지가 동시에 가 야 해. 모든 사업은 머스트비(Must-be)적인 요소가 있고 프라이머리 (Primary)적인 요소가 있고 딜라이트(Delight) 적인 요소가 있어. 머 스트 하다가 매력적인 요소 놓치고 프라이머리도 놓치는 거거든.

사업제휴

유병욱 | 일단은 시중의 주차 업체와 업무 제휴를 진행하는 것은 어떨까요? 어느 정도의 수수료를 받고 장소를 제공하는 형태로 말

이죠. 아무래도 제한된 리소스를 가지고 일을 진행해야 하는데 업무 제휴로 일을 최소화하면서 이런 고민을 가져가는 게 좋지 않을까요? 사실 제한된 리소스는 나의 시간이기도 하거든요.

강민수| 그렇게 되면 수익률에 대한 이슈가 발생할 것 같아요. 주차빌딩을 인수하시면서 발생한 금융 비용, 건물에 대한 감가 등을 감당해야 하고 적정 수익을 가져야 하는데 업무 제휴라고는 하지만 사실상 주차 프랜차이즈가 되어버리기 때문에 적절한 것 같지는 않아요.

김종빈 멘토| 그런데 다른 의미에서의 사업제휴는 필요하지. 주차장에 다양한 부가가치 서비스를 만들려면 그 분야를 잘하는 업체와 제휴/협력은 필수인 거 같은데? 그러면 어떻게 업무협의를 진행하면 될까? 내가 LG25 편의점 택배할 때 처음에는 조금이니까 누구도 안 하려고 그래. 그런데 지금은 편의점 택배 회사가 엄청나게 큰 회사가 되었거든. 그럼 그때 어떻게 잡았을까? 비전을 제시했어. 앞으로 점포 수가 늘어날 것이고 그때는 돈을 벌 수 있다고 설득했어. 지금 안 하면 나중엔 들어오기 어렵다고 말하는 거지. 물론 초기에는 어느 정도 수익을 보존해 주는 거야. 그러면 그 사람들이 따라와.

일단 사람이 공항에 오는 것부터 시작해서 나갔다가 다시 들어올 때 필요한 서비스 항목들을 다 체크해 보는 거야. 거기서 어느 정도 내가 다 해줄 수 있을까 생각해 보면 그게 사업이 되는 거지. 예를 들어, "거기 가면 다 있어. 다 해결돼." 뭐 그런 컨셉이 나올 수도 있지. 그다음은 잘할 수 있는 업체와 사람을 만나야겠지. 여기서 우리의 영성이 나와. "좋은 사람 만나게 해주세요." 기도해야지. 그런데 아무것도 움직이지도 않고 하나님이 줄 때까지 기다린다? 그러면 영성만 있는 거지 지성은 없는 거야. 기도하고 백방으로 돌아다녀야지.

사업 운영

강민수| 건물 유지보수 하는 데 4억 들었다고 했는데 이게 결국은 돈을 해 먹은 놈이 있어요. '무지'와 '무경험'이 돈을 해 먹은 거예요. 내가 만약 그런 경험과 노하우가 있었다면 이 비용이 많이 든 건지 아니면 적정한 것인지 판단할 수 있고 원가 검증도 정확하게 할 수 있었겠죠. 그리고 무엇보다 그 용역의 결과물도 꼼꼼하게 짚을 수가 있었을 텐데 현재 상황에서는 못하는 거잖아요. 그래서 저는 효과적인 운영 관리를 위해서는 주차장 운영 경험이 있는 최고의 전문가를 영입하는 것을 추천 드립니다.

김종빈 멘토ㅣ 이쪽에서 일해본 사람들이 초기에는 필요해. 그 사람의 전문성에다가 우리가 가져가려는 시스템을 얹는 거야. 일단 최소한의 인력만 일단 뽑아서 운영 점검한 뒤에 시작할 때 원활하게 돌아가도록 만들어줘야지. 참고로 정보를 얻을 땐 면접을 보는 것도 좋은 방법이야. 면접 장소에서 궁금한 점은 다 얘기해 준다고.

강민수ㅣ 지금 인천공항에 사람도 많지 않아서 수요가 없는데 지금 사람을 고용해서 인건비를 들여 운영하는 게 맞나 싶네요. 다시 활성화되면 그때 시작해도 되는 거 아닐까요?

김종빈 멘토ㅣ 왜냐하면 지금 필요한 운영 프로세스를 잡아야지. 소위 Feasibility Study를 해봐야 해. 해 봐야 어디가 문제가 있고 어떻게 해야 하는지를 아는 거야. 만약에 나중에 차량이 몰려올 때 어떻게 할 거야? 첫인상에서부터 브레이크가 자꾸 걸리기 시작하면 아마추어 같은 냄새가 나고 그러면 시작부터 힘들어져. 금방 고객을 다 뺏기는 거지. 그러면 늦어. 그러니까 인건비를 최소화하고 인력을 선발할 때는 향후 팀장급의 관리자를 할 수 있는 사람으로 염두에 두고 계속 그 사람을 키워나가는 거야.

사업전략

김종빈 멘토 | 전략에 대해서 잠깐 이야기해 줄게. 전략은 내가 가지고 있는 자원을 가장 효과적으로 쓰는 것을 기본으로 해. 지금의 내가 가지고 있지 않지만 다른 사람의 자산과 자원을 얼마나 연계시켜서 사업을 할 수 있느냐. 그게 전략이거든. 내가 가지고 있는 자원만 하면 이제는 게임에서 져. 그러니까 내가 가지고 있지 않은 자원을 내가 어떻게 연계시켜서 활용하고 시너지를 내서 남들이 생각하지 않은 방법으로 사업을 성공하게 하는 게 전략이야. 숙제 같이 생각하지 말고 내가 사업한다고 생각하고 전략적으로 일해보려고 노력해.

성경에 보면 많이 가지려면 많이 주라는 거잖아.

> "주라 그리하면 너희에게 줄 것이니 곧 후히 되어 누르고 흔들어 넘치도록 하여 너희에게 안겨 주리라 너희가 헤아리는 그 헤아림으로 너희도 헤아림을 도로 받을 것이니라" (눅6:38)

상대방한테 최소한 51을 주고 내가 49를 먹으면 경영에서는 거의 다 연계될 거 같아. 근데 누구를 찾아야 하냐면 그 분야에서 최고로 잘하는 사람을 찾아야 해. 어렵지. 그러니까 어려운 건 해내는 게 전략이야. 쉬운 데 전략이 왜 필요하겠어.

사업 비전

유병욱| 기본적으로 주차장이라는 공간이 공항으로 왔다 갔다 하는 사람들이 머물고 싶은 공간이라고 생각하지 않거든요. 거기는 지나가는 공간이지 거기 카페가 있어서 내가 거기에 오래 앉아 있고 싶은 게 아니거든요. 사실 구내 시설은 공항에도 많고 그런데 자꾸 주차장 주변에 오래 머물도록 자꾸 유도하는 딜라이트 포인트는 잘못된 거 같아요. 외국에 가려고 하거나 아니면 이제 한국에 와서 집으로 가야 하는데 그 주차장 공간에 오래 머물려고 하는 게 사실 얼마나 수요가 있을까요?

김종빈 멘토| 기본적으로 차를 아끼는 사람을 생각해야 해. 그리고 공항까지 대중교통이 아닌 차를 끌고 오는 사람이야. 편리성, 프라이버시(Privacy) 등을 제일 추구하는 사람들이잖아. 그래서 예를 들면 큰 백을 안전하게 옮겨 준다든지 옷을 맡기고 드라이를 해주는 등의 원스톱 패키지 상품을 고려해 보는 거야.

강민수| 주차장이라고 하는 게 진입장벽이 좀 상대적으로 좀 낮

은 거 아닌가요? 인천공항 근처에 허허벌판도 많고, 주차사업은 건물이 없어도 그냥 할 수 있는 건데. 그래서 원스톱 패키지 서비스로 프리미엄 쪽으로 방향을 잡고 가는 게 좋을 것 같아요.

김종빈 멘토 | 그렇지. 이제 아무나 오는 게 아닌 거야. 그냥 논바닥에 세울 고객은 다른 곳으로 가라는 거잖아. 가격이 높아도 돼. 왜? 그 정도 가치와 비용을 바꾸는 거니까. 컨비니언스(Convenience)와 가격을 바꾸는 거야. 그만한 가치가 있으면 가는 거야. 우리나라 사람들이 제일 좋아하는 게 뭐니?

첫 번째, 컨비니언스 아니야? 한 번 맛 들이면 절대 안 끊긴다. 컨비니언스를 하면 나중에 습관이 되게 만들면 끝나. 게임은 끝난 거야.

두 번째, 나를 알아주는 곳으로 간다는 거야. "나는 특별한 사람이야." 이거잖아. "난 달라." 막 이러잖아. 그랬으니까 우리나라는 그렇게 백화점이 지금도 잘 되는 거야. 난 다르니까. 논밭하고 그 경쟁에서 어떻게 이길래? 건물 지은 것부터 수리비 어떻게 뽑으려고. 그럼, 거기다 가치를 더해서 하이엔드(Highend) 전략으로 가는 거지.

앞으로는 5년, 10년 후에는 전기차들이 많이 생길 거야. 맡기고 가는 사이에 그 차를 점검도 해주고 충전도 해주고 여러 가지 부대 서비스가 돼야 다른 데하고 차별화가 되지 않을까? 이때 비용은 고려하지 말자. 비용은 올라도 돼. 그 가치를 상쇄하면 되거든. 그래서 너무 주차비로만 접근하지 않았으면 좋겠고 오히려 관리비가 좋을 수도 있겠다고 생각해. 패러다임이 바뀌는 거야. 지금 하는 업체들은 그냥 차만 보관하는 거지만 앞으로는 여기다 맡기면 차를 진단해 주고 전기차면 충전까지 완벽하게 해줘서 바로 픽업할 수 있는 거지. 이후엔 서비스 이용 히스토리가 남아서 나를 지속해서 관리해 주는 서비스라면 더 좋지.

강민수ㅣ 기획한 것을 실제 이행하는 것이 이게 정말 어려운 얘기입니다. 그러나 이걸 해내느냐 못 해내느냐가 우리가 계속 얘기하는 탁월함이라고 생각이 드네요.

마무리

김종빈 멘토ㅣ 이제는 하드웨어에 투자하지 말고 일단 소프트웨어에 투자하는 게 되게 좋을 거야. 왜냐하면 스마트 기기로 다 연결될 수 있고 자료도 저장되고 편리하게 확인할 수 있으니까. 진짜 편리하게 붙일 수 있는 거 하나부터 시작해서 단계적으로 연계해서 붙이는 방법 그게 사업을 하는 데 도움이 되는 거야. 모든 것을 한꺼번에 할 수 없어. 꼭 필요한 거 하나 하고 또 연계해서 해서 붙이는 거지. 그리고 어느 정도 사업이 되면 다 서로 하겠다고 붙는 거야. 처음에는 잘 안 붙어. 그때는 진짜 뭐가 제일 시급할까부터 다 생각해봐. 돈 벌어서 한다고 생각하면 안 된다니까. 돈 벌어서 못해. 그 돈 벌기 전에 투자를 내가 어디에 우선순위를 두고 할 거냐를 생각하는 거야. 모바일로 결제도 하고 자기가 예약/주문하고 맡기고 찾아가는 것까지 다 이뤄줘야 하겠지. 언제 전화하고 가겠어?

오늘 이렇게 얘기한 거를 또 고민해서 다음에 모일 때 또 더 아이디어를 주고 계속 수정해야 해. 프로젝트에서 '프로'는 앞으로, '젝트'는 던지다 이런 뜻이거든. 그럼 갈수록 던질 때마다 구체화하는 게 프로젝트야. 프로젝트는 독특한 일이고 남들이 안 해본 일을 하는 거야. 새로운 일. 오늘 같이 던져 놓고 다음에 모일 때 더 Level-up 해 보자고.

의견이 아니라 데이터로 말하라!

알베르토 사보이아는 구글의 혁신 전문가이자 스탠퍼드 대학교에서 혁신 방법론을 강의하고 있는 교수입니다. 나만의 데이터 1g이 모두의 데이터 1t보다 가치있다는 것과 이제는 의견이 아니라 데이터로 말하라고 하는 그의 인터뷰[8] 내용이 매우 흥미롭습니다.

특히 다양한 사례를 통해 나만의 데이터를 만드는 방법을 소개하는데요.

1. 타이피스트(속기사)를 숨겨놓고 음성인식 컴퓨터의 소비자 반응을 테스트해 본 것
2. 코인 세탁소에서 옷 개는 사람을 기계 안에 숨겨놓고 고객 반응을 살핀 것

   "세탁과 건조에 2달러를 지불하는 이용객들이 옷을 개 주는 데 1달러를 지불할 것인가?"

3. 버스가 스스로 움직인다고 믿도록 일반 버스를 개조해 노련한 운전기사가 숨을 공간을 만들고, 승객이 그 버스에 선뜻 타는지 확인한 것
4. 영상으로 마치 그 제품이 진짜 있는 것처럼 표적 시장에 영상을 공유하고, 시장이 어떻게 반응하는지 확인한 것

그는 엄청난 시간과 돈을 투자하기 전에 고객들이 진짜 그 서비스를 원하는지부터 알아냈고 성공하면 성공하는 대로, 실패하면 실패한 대로, '나만의 데이터'는 소중한 자산이 됩니다.

본 인터뷰를 접했을 때 저는 택시 호출 앱 서비스를 담당하고 있었습니다. 그의 말대로 나만의 데이터를 쌓기 위해 택시를 가장 잡기 어려운 저녁 시간에 강남으로 향해 나만의 '싱싱한 데이터'를 수집했고 그 경험과 데이터를 통해 서비스 기획과 운영에 참고한 적이 있습니다.

특히 신사업은 시스템에 축적된 데이터가 없거나 참고할 만한 레퍼런스(Reference)가 없기에 상품/서비스의 제품성과 편의성 등을 검증하기가 매우 어렵습니다. 그러나 그가 제세하고 있는 프로토타이핑 기법[9]을 통해 현업에서의 고민과 이슈 해결에 도움이 되길 바랍니다.

---

8) 김지수의 인터스텔라(조선일보, '20.05.09)

9) 프로토타이핑(Prototyping)은 특정 서비스나 제품, 공간을 만들기 전에 시장에서 원하는 것이 맞는지를 확인하는 소비자 테스트임.

회사 비전, 미션, 핵심가치 수립

1. 이슈 사항

- 두 회사가 합병하는데 통합 이후 회사의 비전, 미션, 핵심가치 수립 필요
- 직속 상사는 창의적으로 생각하되 전사 중장기 전략을 고려해서 업무를 진행
  하라고 가이드 하였음

2. 주요 논의내용

강민수ㅣ 우리 회사는 회사명이 바뀌면서 비전, 미션, 핵심 가치 등을 재정립하는 과정을 겪었는데, 구성원들의 의견을 듣기 위해서 탑-다운(Top-down), 바텀-업(Bottom-up) 방식 모두 진행하면서 하나의 의견을 모으려고 노력했습니다. 예를 들어 다양한 핵심 가치늘을 나열한 뒤에 당사와 가징 맞는 키워드가 무엇인지 설문조

사도 진행했었고, 이것을 통해서 구성원들이 가지고 있는 마인드-셋 같은 것도 확인할 수 있었죠. 지금 합병하는 회사도 완전히 새로운 회사를 만드는 것이 아니라 약간은 이질적인 조직문화를 가진 회사의 기존 직원들이 한 회사로 합쳐지는 것이니까 구성원들의 의견을 물어보는 게 먼저 아닐까 생각이 들어요. 회사의 핵심 가치에 깊이 공감대를 형성하는 게 중요하니까요.

경영학에 PMI[10](Post-Merger Integration)라는 단어가 있어요. 조직을 통합하고 나서 이후에 회사는 조직문화를 하나로 만들어 내는 데 엄청난 노력을 해야 하고 그 중심에 회사의 비전, 미션, 핵심 가치가 있다는 거예요. 이게 중심이 돼서 사람들이 일을 잘할 수 있는 동기부여, 기준점 등이 되는 것이니까 비전과 미션 수립은 중요한 프로젝트라고 볼 수 있겠네요.

박선진 | 저는 배운 대로 말씀드리면 미션이 제일 중요하다고 알고 있어요.

---

10) M&A(mergers and acquisitions, 인수합병) 합병 이후의 통합을 통해 기업 인수를 완료한다는 의미를 지닌다. 기존의 M&A가 합병 후 조직의 통일에 어려움을 초래하고, 특히 의도했던 만큼의 주주가치 창출이나 경영성과를 이루지 못하자 그 대체 안으로 1990년대 말부터 성행하기 시작하였다. 인수합병 이후 예상되는 조직의 변화를 어떻게 관리하느냐에 초점을 맞추고 있다. 특히 조직의 비전과 경영자의 리더십·가시적 성과·기업문화·커뮤니케이션·리스크 관리 등이 성공의 열쇠로 평가된다. (출처: 네이버 두산백과)

미션은 기업의 존재 이유라고 배웠어요. "왜 이 사업을 하는가?" 돈 버는 것 말고 좀 더 내면에 뜨거운 뭔가가 있지 않았을까 생각이 들어요. 그동안의 회사 히스토리도 있으니까 자료를 찾아보면 될 것 같고.

그다음은 핵심 가치인데 이건 일하는 사람들이 일하는 이유. "왜 일해야 하는가?" 대한 대답이 되겠죠.

세 번째는 비전인데 비전은 앞으로 되고자 하는 바를 구체적이고 가시적으로 10년을 내다보고 세운다고 배웠거든요. 좀 더 말씀드리면 모든 사람의 염원을 담는 것을 비전이라고 하시더라고요.

김종빈 멘토 | 생각해서 될 일이 아니야. 임원하고 사장님한테 물어봐야 해. "10년 후에 어떤 회사가 되고 싶으세요?" 그건 실무자 한 사람이 아이디어 차원에서 접근해서 할 일이 아니라 회사를 합병하신 분한테 인터뷰를 해야 해.

그다음은 미션이야. 왜 이 일을 하는가. JK아카데미도 똑같이 사명(미션)이 있어. 세상을 변화시키는 사람을 키우는 곳. 이게 우리의 사명이야. 이걸 CEO가 계속해서 직원들한테 말해야 해. 그리고 그것을 하기 위한 핵심가치가 있어. 우리는 융합, 창조, 섬김이야. 그럼 구성원들이 어떤 가치로 일할 건지가 나오겠지. 예를 들어 이 합병 회사의 비전이 '우리나라에서 최고 가는 회시를 만들자'일 수도 있어. 그러면 그에 걸맞은 비전 매출 목표가 생기지. 비전은 모든 사람이 보면 "와 우리가 저런 회사가 되는 거야?" 이 정도는 돼야 해. 그리고 이 목표를 하기 위한 구체적인 계획이 중장기 전략이지. 1년에서 3년, 3년에서 5년, 5년에서 10년 단위의 전략을 짜야지.

　CEO하고 얘기하고 뭐 안 되면 본인이 먼저 한 번 그려봐. "제가 생각하는 건 이겁니다."라고 말할 수 있게끔. 그래서 가서 얘기하고 상관이 물어보면 얘기를 해. "이래야 합니다."라고 설명하는 거지. 오직 전략가만이 미래를 내다볼 수 있어. 쫙 설명하면서 겸손하게 해야 해. 비즈니스의 처음과 끝은 예의라고 말했잖아. 그리고 이게 컨펌되면 중장기 전략을 짜기 시작하는 거지. 그러면 또 위에서 얘기한다고 "야, 목표가 그거 가지고 되겠어? 한 1조 원은 해야지." 뭐 이렇게 나온다니까. 그러면 "알겠습니다."라고 하고 전략을 짜면 돼. 그래서 전략이 중요한 거야.

Q (강민수) 자신이 고민해서 정한 컨셉, 전략 방향 등이 위에 사람의 생각과 다를 수 있잖아요. 그럴 때는 어떻게 해야 할까요? 설득하는 것도 제 역량인 건지 아니면 윗사람들 의견을 반영해서 다시 구성해야 하는 걸까요?

김종빈 멘토ㅣ 그러니까 그런 데서 지면 안 되는 거잖아. 만약에 바뀌면 어떻게 돼? 이게 컨셉이 확 흔들려버리는 거잖아. 그거 굉장히 중요한 거야. 사업의 컨셉은 일을 되게 하는 방향이야. 만약에 대회의실에서 그런 의견이 나왔다. 그러면 바로 "네, 알겠습니다." 이러지 말고 "네, 말씀하신 부분 고려해서 나중에 별도 보고 드리겠습니다."라고 나와. 그러고 나서 논리적으로 정확하게 말해야지.

개인 비전, 미션 수립

우리 삶은 뭐야. 우리는 세상에 빛과 소금이잖아. 이 세상에서 하나님 나라를 전파하는 거. 우리의 사명이야. 그리고 우리 비전은 뭐야? 하나님이 오실 때 영광스럽게 하늘나라에 우리가 하나님을 직접 대면하고 천국에 사는 게 우리가 비전이잖아. 그래서 지금 힘들어도 마지막까지 구원의 소망을 가지고 우리 사는 거야. 심플하게 쉽게 생각해. 예수 믿는데 막 매일 기뻐하고 그렇진 않잖아. 사도 바울은 "나는 매일 죽노라." 하고 살잖아.

> "형제들아 내가 그리스도 예수 우리 주 안에서 가진바 너희에 대한 나의 자랑을 두고 단언하노니 나는 날마다 죽노라." (고린도전서 15:31)

왜 살아? 그게 사명이야.

나는 하나님의 아들로, 하나님의 딸로 이 세상에서 빛과 소금이 되어 세상 사람을 변화시키고 나중에 천국에서 살고 싶은 거잖아. 그런데 어떨 때는 힘들어. 어떤 사람은 막 죽이고 싶은데도 안 죽이잖아. 왜? 비전이 있으니까. 쉽게 얘기하면 구원 못 받을 수도 있으니까. 이론적으로 크리스천에게는 하고 싶은 일, 해야만 되는 일, 할 수 있는 일, 이렇게 세 가지가 있어. 이 3가지가 연계되는 거야. 그중에서 크리스천으로서 비전은 해야 하는 일이야. 사회에서 세워나가는 거지. 왜냐하면 하나님이 내 생에 나를 통해 이루고 싶은 게 있는 거야. 하나님의 꿈이 나의 비전이 된다는 노래도 있듯이 하나님의 꿈이 나의 비전이야.

[CCM] 원하고 바라고 기도합니다.

이 세상을 살아가는 동안에 나의 힘을 의지할 수 없으니

기도하고 낙심하지 말 것은 주께서 참 소망이 되심이라

주의 길을 걸어가는 동안에 세상의 것 의지할 수 없으니

감사하고 낙심하지 말 것은 주께서 참 기쁨이 되심이라

하나님의 꿈이 나의 비전이 되고 예수님의 성품이

나의 인격이 되고 성령님의 권능이 나의 능력이 되길

원하고 바라고 기도합니다.

우리는 세상을 변화시키는 일. 하나님이 나를 통해서 하고 싶은 일이 뭔지를 자꾸 찾는 거지. 하나님한테 물어보는 거잖아. 그러면 하고 싶은 일과 해야 하는 일을 일치시키는 일만 하면 돼. 그런데 일치가 안 되지. 그 일을 내가 하고 싶은 일로 만들어버리는 게 기적이잖아. 우리 크리스천들은 성령님의 도우심으로 그걸 할 수 있어.

직장생활도 하나님이 왜 나한테 이 일을 시켰을까를 고민하기 시작하면 찾을 수 있어. 이 일을 통해 하나님이 지금 우리를 트레이닝을 시키시는 거잖아. 내가 학교에서는 교수를 하고 회사에서는 CEO를 해. 그럼 나는 명사로 보면 다 달라 그런데 동사로 보면 뭐가 될까? 문제 해결해주는 일을 통해 살리는 일을 하는 거야. 회사를 살리고, 학생을 살리는 일. 성경에 베드로는 명사로 설명하면 어부잖아. 동사로는 예수님이 뭐라고 그랬어? 너는 이제 사람을 낚는 어부, 즉 사람을 살리는 일이라고 말씀하시잖아. 사람을 살리는 일은 굉장히 많아. 의사만 되냐? 의사는 명사잖아. 이제 그러면 우리가 우리 삶을 명사로 얘기하지 말고 동사로 얘기해보면 어떨까?

강민수| 만약 하나님의 꿈이 나의 비전이 되고, 내가 해야 하는 그 일이 내가 하고 싶은 일이 된다면 문제는 그 일을 할 수 있는 능력이 내게 있는지가 중요해진다고 생각해요.

그런데 이 질문이 사실 큰 의미가 없는 이유는 하나님이 허락한 사명의 길이라면 이미 달란트(재능)로 주시지 않았을까? 생각해 봐요. "왜 내게는 안 주세요?"라는 기도 앞에 어쩌면 나의 게으름, 곤고함, 나약함이 끊임없이 내게 무엇인가 없어서 할 수 없다고 변명하는 건 아닌지 다시 생각해 보는 거죠. 그래서 어떤 하루는 이미 제게 필요한 것들을 이미 하나님으로부터 받았다는 확신과 감격에 겨워 하루를 시작한 적이 있습니다.

프레젠테이션 발표

1. 이슈 사항

- 택시 호출 앱 서비스가 출시된 지 약 1년 반 정도의 시간이 지났으나 유의미한 성과를 달성하지 못한 채 지속적인 투자가 발생하고 있음
- 해당 사업이 매출과 영업이익을 내지 못하고 있으며 사내 직원들이 본 서비스를 신뢰하지 못하고 있음
- 압도적인 시장 지배자(점유율 약 90% 이상)가 있는 상황에서 사업적으로 성공할 수 있겠냐는 회의적인 시각도 존재
- 일각에서는 해당 사업을 안 함으로써 발생하는 재원을 직원 성과급으로 대체하여 지급해 달라고 요구하고 있음

2. 주요 논의사항

김종빈 멘토| 처음에 기선 제압이 되게 중요하잖아. 뭐 겸손의 표현인 것 같아. "조금 부족하지만" 보면 이런 말 많이 쓴다. 그러면 나는 "부족한데 왜 발표하냐?" 이러거든. 그것보다 "내가 진짜 열심히 준비했습니다." 또는 "제가 이 문제에 대해서 고민 참 많이 했습니다."라고 말하는 게 좋아. 그런 뒤에 "한번 보시고 또 얘기도 해주시면 좋겠다."라고 덧붙이는 거지. 자랑하는 거 아니야. 진짜 최선을 다해서 준비해야지. 이런 용어들이 위에 있는 사람들한테는 안 들어도 가슴에 굉장히 와닿는 거야. "쟤가 진짜 고민 많이 했구나." 그러면 대부분이 경청하는 거야. 사실 좀 부족할 수 있지. 그래도 나는 이런 얘기가 제일 좋아. "열심히 준비했다. 고민을 참 여러 각도로 많이 했다. 다양하게 고민해 봤고 여러 사람 의견도 들어봤다."라고 하면서 발표를 하면 되게 듣고 싶어져.

유병욱| 그 내용이 뇌 과학에도 나오더라고요. 무의식적으로 "내가 부족하지만" 이렇게 얘기하면 "그래 너 겸손하구나."라고 겉으로는 생각을 하는데 무의식중에는 "쟤는 부족한 놈"이라고 딱 자리 잡는다고 합니다. 그 무의식이 비중이 95%나 되니까 처음부터 굉장히 부정적으로 발표를 보게 되는 거죠.

김종빈 멘토ㅣ 프레젠테이션 목적은 두 가지야.

하나는 정보를 전달하는 프레젠테이션이 있고 하나는 의사결정을 요구하는 게 있어. 이번 건은 정보를 전달하는 프레젠테이션에 가깝지.

일단 신사업이잖아. 그래서 첫 번째는 전략으로 접근해야 해. 왜 이 사업을 우리는 해야 하는지부터 접근해야 하는 거야. 전략가가 아닌 사람들은 뒤에서 얼마든지 떠들어 댈 수 있어. 만약 이 사업을 하는 데 돈이 100억이 들어갔으면 안 했으면 이게 진짜로 직원들 성과급으로 갈 수 있을까? 보통 안 그렇지.

두 번째는 조직은 성장해야 해. 기업은 정체되는 순간 내리막이야. 왜 회사가 성장해야 해? 회사의 조직이 커져야 내 일자리를 지킬 수 있고 많은 자리가 생기는 거야. 사업이 열려야 해. 안 그러면 그냥 만년 과장하다가 회사생활 끝나겠지. 그냥 쪼그라드는 거야.

사업을 성공시키지 못한 사람

김종빈 멘토ㅣ 자 그러면 그 사업을 실패한 사람이 누구야? 임직원들이야. 회사 밖에 있는 사람이 실패했냐. 우리가 사업을 했고 우리가 해서 실패한 거야. 남이 실패해 주지 않았어.

진짜 사업이 성공하지 못한 이유

김종빈 멘토। 이 사업에서 우리는 왜 성공하지 못했을까? 전략, 시스템, 예산도 없었다 이거는 밖으로 보이는 거야. 진짜 문제의 본질은 조직문화지. 한 번 더 들어가면 조직의 역량이 부족한 거잖아. 그 이유 중의 하나는? 공무원 같은 또는 관료적인 조직문화. 여기까지 들어가야 문제가 풀리지 않을까?

물론 조직문화는 쉽게 안 바뀌지. 그러나 사업이 바뀌면 조직이 바뀌게 돼.

앞으로의 전략 방향

김종빈 멘토। 그럼 앞으로의 서비스는 어떻게 다시 설계하면 될까? 사람들이 경험하지 못한 가치를 경험을 시켜주면 돼. 예를 들어 휴대폰을 그냥 들고만 있으면 택시가 배차되고 오면 안 될까? 왜 사용자가 앱을 눌러서 자신의 위치도 설정하고 목적지도 누르고 지금 어디 있다고 통화해야 하고 왜 그렇게 해야 하지? 심플하게 뭐하나 누르면 택시가 지금 내 위치로 오는 그런 가치들을 우리가 얼마든지 만들어 낼 수 있잖아.

전략으로 이 사업을 풀어나가야 하는 거지. 압도적인 시장 지배가 있으면 기회가 안 열리나? 지금 2등 하는 기업들은 다 문 닫아야 하나? 이 서비스의 새로운 가치를 만들어 내야 해.

직원의 마음을 사로잡는 방법

첫째, 비전을 보여주는 것

김종빈 멘토ㅣ 앞으로의 3년 후, 5년 후에는 우리가 새로운 시장의 리더로 등장한다는 비전을 보여줘야 해. 그러기 위해서 지금부터 우리는 준비하고 가야 한다고 얘기하는 것이 직원들을 제일 설득할 수 있는 거야.

둘째, 위기의식을 불러일으키는 것

김종빈 멘토ㅣ 그다음 이대로 가면 우리는 10년 후에 회사가 없어질 수 있다는 위기의식을 줘야지. 우리가 존재하는 이유, 즉 회사의 미션과 사명을 계속 강조하면서 지금이 위기 상황임을 알려줘야지. 직원들에게 위기를 인식시켜야 해. 가만히 아무것도 안 하고 있으면 회사가 위태롭다는 것을 숫자로 얘기해 줘야 해. 지금 10억, 100억을 까먹는 게 중요한 게 아니라고. 기업은 손해를 보더라도 사업은 포트폴리오로 가져가야 하는 거고 이걸 정확하게 찍어줘야 하는 거야. 위기에서 적극적으로 도전하는 게 되게 중요한 거 같아.

강민수 | 사실 사상 최대 실적에도 불구하고 매년 회사 대표이사들의 신년사 단골 메뉴는 위기의식이에요. 항상 올해는 그 어느 때보다도 힘든 한 해가 될 거라고 말하는데 처음에는 진짜 이해가 안 되었어요. 그런데 시간이 지나고 직장 경험도 쌓이면서 조금씩 이해가 되더라고요.

회사가 성장하고 정상으로 올라갈수록 싸워야 하는 경쟁 상대가 완전히 달라지는 거잖아요. 저희도 한때 과거에는 L 그룹사 손자회사 E사 정도를 경쟁사로 생각했던 때가 있었어요. 그런데 누구도 그 회사를 경쟁사라고 말하지 않아요. 요즘은 IT 대기업 플랫폼 사(N사, K사 등)를 경쟁사로 인식하고 있거든요. 사실 훨씬 더 치열한 싸움이 벌어지고 있는 거죠.

김종빈 멘토 | 축구선수 손흥민을 봐. 우리나라 국가대표가 되었다고 끝났냐? 아니잖아. 이젠 세계 최고 수준의 선수들과 경쟁하잖아. 기업도 마찬가지야. 그래서 우리가 경영에서는 항상 긴장하는 거야. 전략 한 번 잘못 세우면 금방 망가져. 그냥 나가떨어진다고. 게다가 기업은 성장은커녕 정체하는 순간 바로 쇠퇴하게 돼 있어.

셋째, 전략을 구체화하고 실행하는 것

김종빈 멘토 | 마지막으로 전략을 구체화하면서 실행하는 거지. 지

금 보이는 것만 보지 말고 미래를 그려나가야 해. 가령 현재 시장의 크기는 이 정도이지만 앞으로는 이렇게 커진다고 말해야지. 고작 지금의 마켓 사이즈(Market Size)에서 특정 사업자의 마켓 쉐어(Market Share)가 많으니까 우리가 사업을 접어야 한다? 말 같은 소리 해야지. 앞으로 고객은 무궁무진해.

마무리

강민수 | 신사업은 내 사업한다고 생각하고 접근하면 되는 거 같아요. 저는 제게 주어진 직급이나 일만 생각하지 않고 "진짜 나라면 어떻게 할까?" 하는 그런 마음가짐으로 했어요. 비록 회사에서 받아들여지지 않더라도 "여기서 안 되면 내가 갖고 나간다." 이렇게 다짐하면서 말이죠. 그러니까 "윗사람들은 어떻게 생각할까?"라고 고민하지 않았어요. 정치를 안 하는 거죠. 그게 지금 우리가 말하는 일 잘하는 방법 아닐까요? 숟가락 얹으려고 하는 사람이 있으면 그냥 숟가락 얹으라고 했어요. 그런 거에 마음 쓸 정도로 여유나 시간은 없었기 때문에.

의사결정을 위한 프레젠테이션

의사결정을 요구하는 프레젠테이션은 내가 생각한 거를 관철시키거나 윗사람에게 굴복당하거나 둘 중의 하나야. 그러면 정확하게 내 의지를 전달하려면 정확하게 디펜스(Defense) 할 것까지를 다 생각하고 들어가야 하는 거야. 만약에 회장(사장)님이 얘기해도 무조건 "네 바꾸겠습니다." 그것처럼 나는 잘못된 것도 없다고 생각하는 거야. 우린 젊잖아. 예를 들어 "제가 설계한 것은 A인데 B로 바꾸게 되면 커리큘럼부터 다 바뀌어야 하는 거고 그렇게 되면 이 컨셉(Concept)이 처음부터 흔들리게 됩니다."라고 말할 수 있어야 한다는 거지. 그러면 회장님이 "야 내 말 들으라니까!" 요새 이런 회장이 어디 있어? 옛날에는 그랬어. 만일 회장님이 얘기하면 일단 전체적으로 다시 한번 해당 부분을 상의해서 다시 보고하겠다 하고 그 자리를 일단 끝내는 거야. 그게 오히려 남는 거야. 네가 아첨꾼이 되려면 바로 "네, 그렇게 하겠습니다"라고 하고 빨리 끝내면 돼.

일하는 이유

직무 방향 설정(Career Paths Plan)

1. 이슈 사항

- S/W 개발 직군 특성상 빠르게 기술의 트렌드가 변하고 있으며 지속적으로 Follow up 할 수 있는 '괴물스러움'이 필요함
- 모빌리티 서비스 관련 팀에 재직 중이나 회사 내부 사정에 따라 해당 사업부 리더 및 조직이 축소되고 있는 상황임
- 해당 직무에 대한 역량 테스트도 필요한 상황이나 현직자의 나이, 팀 내 역할 및 상황 등을 고려해 볼 때 체계적으로 개발 역량을 쌓을 수 있을지 의문이며 현재 직무 전환도 고려 중임

2. 주요 논의내용

다니엘이라면 어떻게 했을까?

다니엘서 2장 1-16절

1 느부갓네살이 다스린 지 이 년이 되는 해에 느부갓네살이 꿈을 꾸고 그로 말미암아 마음이 번민하여 잠을 이루지 못한지라

2 왕이 그의 꿈을 자기에게 알려 주도록 박수와 술객과 점쟁이와 갈대아 술사를 부르라 말하매 그들이 들어가서 왕의 앞에 선지라

3 왕이 그들에게 이르되 내가 꿈을 꾸고 그 꿈을 알고자 하여 마음이 번민하도다 하니

4 갈대아 술사들이 아람 말로 왕에게 말하되 왕이여 만수무강 하옵소서 왕께서 그 꿈을 종들에게 이르시면 우리가 해석하여 드리겠나이다 하는지라

5 왕이 갈대아인들에게 대답하여 이르되 내가 명령을 내렸나니 너희가 만일 꿈과 그 해석을 내게 알게 하지 아니하면 너희 몸을 쪼갤 것이며 너희의 집을 거름더미로 만들 것이요

13 왕의 명령이 내리매 지혜자들은 죽게 되었고 다니엘과 그의 친구들도 죽이려고 찾았더라

14 그 때에 왕의 근위대장 아리옥이 바벨론 지혜자들을 죽이러 나가매 다니엘이 명철하고 슬기로운 말로

15 왕의 근위대장 아리옥에게 물어 이르되 왕의 명령이 어찌 그리 급하냐 하니 아리옥이 그 일을 다니엘에게 알리매

16 다니엘이 들어가서 왕께 구하기를 시간을 주시면 왕에게 그 해석을 알려 드리리이다 하니라

다니엘서의 느부갓네살 왕은 건망증 끼가 있었던 것 같습니다. 바로 자신이 꾼 꿈을 잊어버린 것이죠. 그리고는 나라의 박사 술객한테 그 꿈을 빨리 알아내서 해석하라는 명령을 내립니다. 이게 말이 되나요? 왕의 말을 듣고는 박수와 술객이 못하겠다고 말합니다. 그러자 왕은 바벨론의 모든 지혜자들을 죽이라고 명령하죠. 이때 왕의 근위대장이 다니엘의 집에도 찾아갑니다. 다니엘은 "어찌 이리 급하냐"고 말하면서 자신이 그 해석을 왕께 알리겠다고 대답합니다. 그렇다면 다니엘이 그 답을 가지고 있었을까요? 아니었죠. 그럼에도 불구하고 침착하게 대응한 것을 알 수 있습니다. 그런 후에 자신의 친구들한테 가서 같이 기도하자고 얘기했습니다. 간절히 기도한 그날 밤, 하나님이 환상으로 다니엘에게 그 꿈과 해석을 상세하게 보여주셨고 그걸 가지고 가서 왕 앞에서 서서 담대하게 말합니다.

그래서 그의 총명함을 얘기할 때 '침착함'이 있습니다. 항상 우리가 무슨 일을 당하면 먼저 침착해야 합니다. 침착한다는 얘기는 뭘까요? 두 가지입니다. 먼저 "내가 왜 이런 상황에 빠져들었을까"를 생각해 봐야 합니다. 내 잘못은 없었는지 생각해 보고 하나님 앞에서 반성하고 회개하는 것입니다. 그다음은 본문의 다니엘처럼 이 상황을 통해서 "하나님이 나를 또 쓰시겠구나"라고 생각해 볼 수 있습니다. 그러므로 이런 상황에서도 침착함과 기도를 통해 왕 앞에서도 거침없이 그리고 담대하게 설 수 있었습니다.

김종빈 멘토 l 지금 내가 볼 때는 그렇게 막 흔들릴 일은 아니야. 회사조직이 하루아침에 그렇게 바뀌거나 하진 않아 만약 그렇게 된다? 그때 회사를 나오면 돼. 그래도 늦지 않아. 걱정하지 말고 내가 하는 일을 침착하게 하면 돼. 그리고 지혜를 달라고 기도하면서 생각해야지.

"왜 이런 일이 벌어졌을까? 나는 지금 뭘 하면 될까?"

이게 명철이잖아. 영원한 직장은 없는데 영원한 잡(Job)은 있어. 그게 핵심이야. 하나님이 이 자리가 아니면 옮겨 주시는 게 하나님의 뜻이거든. 그걸 믿는 거야. 다 잘 될 거라고. 자꾸 불안해하는 건 사탄이 주는 거야. 기도해. 그리고 자꾸 역량을 쌓아야 해. 조금 담대해질 필요가 있어.

참고로 얘기해주면 직원면접을 볼 때 지금까지 어떤 일을 했냐고 물어보는데 진짜 정확하게 설명하는 친구가 있고 설명을 못 하는 친구가 있어. 못하는 친구는 실력이 없는 거야. 근데 자기 일을 진짜 잘 설명하고 세세한 것까지 설명할 수 있는 친구는 진짜 자기를 사랑하고 일을 잘하는 친구야. 그러면 다른 일도 다 맡겨. 왜냐하면 이 친구는 자기 일에 최선을 다할 테니까. 그래서 회사가 어렵고 조직이 쪼개져도 일은 남는 거야. 지금 자리에서 침착하게 그리고 담대하게 기도하면서 준비하면 돼. 비록 회사가 앞에 안 보여도 내가 이 회사의 등불이 돼야지. 그리고 오늘도 열심히 해. 그러면 그게 다 알아주는 사람이 있어. 우리는 약속의 땅에 믿음으로 나가는 거야.

그러면 침착의 반대말은 뭘까? 경거망동(輕擧妄動)하지 말라는 얘기야. 하나님이 여호수아에게 했던 말이지. 네가 지금 모세가 죽었다고 경거망동하지 말고 내가 너와 함께할 거라는 말씀이 있잖아. 여호와의 말씀을 묵상하고 나가라는 거야.

여호수아 1장 1-8절

1 여호와의 종 모세가 죽은 후에 여호와께서 모세의 수종자 눈의 아들 여호수아에게 말씀하여 이르시되

2 내 종 모세가 죽었으니 이제 너는 이 모든 백성과 더불어 일어나 이 요단을 건너 내가 그들 곧 이스라엘 자손에게 주는 그 땅으로 가라

3 내가 모세에게 말한 바와 같이 너희 발바닥으로 밟는 곳은 모두 내가 너희에게 주었노니

4 곧 광야와 이 레바논에서부터 큰 강 곧 유브라데 강까지 헷 족속의 온 땅과 또 해 지는 쪽 대해까지 너희의 영토가 되리라

5 네 평생에 너를 능히 대적할 자가 없으리니 내가 모세와 함께 있었던 것 같이 너와 함께 있을 것임이니라 내가 너를 떠나지 아니하며 버리지 아니하리니

6 강하고 담대하라 너는 내가 그들의 조상에게 맹세하여 그들에게 주리라 한 땅을 이 백성에게 차지하게 하리라

7 오직 강하고 극히 담대하여 나의 종 모세가 네게 명령한 그 율법을 다 지켜 행하고 우로나 좌로나 치우치지 말라 그리하면 어디로 가든지 형통하리니

8 이 율법책을 네 입에서 떠나지 말게 하며 주야로 그것을 묵상하여 그 안에 기록된 대로 다 지켜 행하라 그리하면 네 길이 평탄하게 될 것이며 네가 형통하리라

지금 같은 때도, 남들이 막 동요하고 흔들릴 때도, 남들은 어디 가서 담배 피우고 이런저런 얘기할 때도 그런 데 신경 쓰지 말고 그냥 앉아서 열심히 일하는 거야. 우리 삶을 통해서 하고 싶은 하나님 꿈이 있어. 우리가 달려가야 할 길이야. 그걸 자꾸 물어봐. 그걸 다 하나님이 알려준다니까. 하나님은 항상 하나님을 의지하고 구하는 자에게 큰 권능을 주시는 분이잖아. 그러니까 걱정하지 말고 지금 하는 일을 더 Level-up 시켜.

만약에 다른 조직에서 오퍼(Offer)가 들어오면 바로 결정하면 안 돼. "왜 나하고 하려 그러세요?", "좀 더 고민해 보겠습니다." 이렇게 말해야지. 그리고 당장 가고 싶어도 바로 결정해 주지 않는 거야. 한번 말하고 바로 간다? 그러면 네가 되게 값없어지는 거야. "왜 제가 필요하세요?" 이게 자신의 포지션을 지키는 일이지. 내가 팀장

이면 밑에 있는 친구가 정확하게 자기 일을 하면서 예의를 갖추면서 말하면 함부로 하지 못해. 반말도 못 해. 두려워하게 되는 거지. 그걸 우리가 성경에 나와 있는 단어로 얘기하면 뭐야? '세상이 감당하지 못하는 자[11]'라는 거잖아. 나는 그게 당당함이라고 얘기하는 거야.

---

11)   (히11:38) 이런 사람은 세상이 감당하지 못하느니라 그들이 광야와 산과 동굴과 토굴에 유리하였느니라

하나님의 테스트와 성장

1. 성장의 종류

성장에는 연속적 성장과 계단식 성장 두 가지가 있습니다. 연속적 성장은 주로 양(Volume)과 관련된, 반면 질(Quality)에 관련된 것은 계단식 성장을 합니다.

연속적으로 성장한 것은 외부 변수나 이벤트에 쉽게 뒷걸음치는, 반면 단계적으로 성장하며 올라간 건 밑으로 잘 떨어지지 않습니다. 힘들더라도 계속 올라가 일정 수준의 임계치를 넘어서면 완성이 되는 것입니다. 이 정도 수준이 되면 절대로 밑으로 떨어지지 않습니다. 이런 단계를 경험하며 올라가면 더 많은 일을 할 수 있습니다.

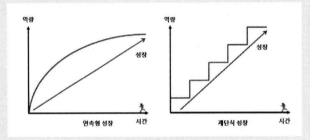

2. 하나님의 테스트 방식

하나님은 성경의 사도 바울이 말한 것처럼 우리가 감당할 만한 시험만 허락하시고 트레이닝 시킵니다. 성장을 통해 더 많은 일을 하고 싶으신 것입니다. 그래서 하나님은 우리에게 지금 위로 올라가라고 말씀하시고 계신 것입니다. 만약 못 올라가면 어떤 일이 벌어질까요? 일단 피할 수 있는 길을 내어 알려주실 것입니다. 그러나 머지않아 다시 체력이 회복되면 금세 다시 테스트가 옵니다. 왜 그럴까요? 하나님은 우리를 꼭 여기 올려놓고 싶으니까.

그래서 걱정하지 않아도 됩니다. 하나님은 사랑이시고 우리가 지쳐 쓰러지면 피할 길도 열어놓으시기 때문입니다. 더구나 올라갈 수 있는 힘과 능력도 주셨습니다. 만일 또다시 시험으로 힘들다고 느껴진다면 하나님께 "왜 이렇게 힘들게 하세요?"라고 물으십시오. 그러면 이렇게 답하실지도 모르겠습니다. "아직 통과 안 했잖아. 네가 피했잖아. 어차피 해야 할 일이야."

이직(Change Jobs)

1. 이슈 사항

- 현 재직 중인 회사는 하드웨어 중심의 사업 포트폴리오를 가지고 있으며 조직 문화가 비교적 경직되어 있음
- 해당 팀은 소프트웨어 및 서비스 중심으로 하는 비즈니스 모델을 기획하고 있음
- 다양한 신사업을 추진하고 있으나 잘되지 않아 조직에 대한 이슈가 있으며 이직까지도 고려하고 있음

2. 주요 논의내용

강민수ㅣ 기존에 없던 서비스를 만들어 내는 신생 조직이기 때문에 단기적으로는 성과가 없을 수도 있는데 이 상태가 지속되다 보면 아무래도 조직에 대한 이슈가 생기게 되고 해당 팀원들이 조직에 의해서 흔들리게 되죠.

제 생각에는 먼저 내가 이 일을 왜 하는지에 대한 본질을 계속 고민한 다음 자신의 단어로 답을 내린 것으로 직장생활을 했으면 좋겠어요. 제가 재직 중인 회사도 내/외부 환경에 따라 조직에 대한 이슈는 항상 있었고 매년 직원들의 관심 사안이기는 하지만 어떤 조직으로 변하든 상관없이 제가 일하는 것에 대한 본질적인 가치를 생각해 봐요. 아무래도 제가 하는 일이 시민들의 공익적 서비스와 밀접하게 관계되어 있다 보니 스스로 '더 나은 서울을 만들어 가고 있다'고 자부하는 거죠. 그러면 조직에 대한 이슈로부터 조금 벗어날 수 있지 않을까 생각합니다.

너무 유명한 이야기입니다. 케네디 대통령이 나사(NASA)에 방문했을 때 마주친 청소부에게 무슨 일을 하냐고 물었습니다. 그러자 그는 이렇게 대답했습니다. "저는 인간을 달에 보내는 일을 돕고 있습니다."

우리에겐 이런 소명 의식이 필요합니다. 남들이 부여하는 가치가 아닌 내가 하는 일에 대한 주인의식, 누구보다 잘하고 있다는 자부심, 무엇보다 하나님이 내게 주신 일터와 직업이라는 소명 의식 말입니다. 오직 '나'만이 이런 가치를 부여할 수 있습니다.

김종빈 멘토| 아무리 어렵고 조직이 깨져도 내가 이 일을 왜 하는 것이라는 답이 있으면 먹고살기 위해서가 아니라 나는 이 일을 통해서 내가 하고 싶은 거를 만들어 내는 거잖아. 그러면 아무리 조직이 흔들려도 나는 그 일을 오늘도 하고 내일도 할 수 있어. 조직이 쪼개지는 날까지 그 일을 하는 거지. 그렇다면 나는 기본적으로 뭘 해야 해? 내가 맡은 일을 계속 개발하고 하는 거야.

제일 좋은 방법이 회사하고 상관없이 나는 이 일을 하는 거야. 요즘은 더 많은 기회가 있잖아. 자기 가치를 올리면 얼마든지 더 좋은 회사로 갈 수가 있다고. 회사가 망가지면 누가 제일 먼저 나가? 제일 실력 있는 사람부터 나가. 그거는 당연한 거야. 어쩌면 오히려 더 좋은 기회가 있을 수도 있어. 좋게 생각하는 기야. 조직이

도저히 안 되면 더 좋은 조직으로 갈 수도 있는 거고.

"부지런하여 게으르지 말고 열심을 품고 주를 섬기라" (로마서12:11)

크리스천으로서 내가 얘기해 주는 것 중 하나가 로마서 말씀(롬 12:11) 중에 바울이 게으르지 말고 열심을 품고 주를 섬기라 이 말이 맨날 기도만, 선교만 하라는 말씀이 아냐. 우리에게 주어진 일 모든 게 해당하는 거지. 그래서 하나님이 직업적 소명과 각자에게 맞는 달란트를 준 거야. 그 일을 게으르게 하지 말고 열심히 하고 주를 섬기듯이 하라는 거잖아. 나는 그게 우리가 각자 일터에서 하는 거로 생각해.

유병욱ㅣ 대학교 때 선배로서 후배들 밥 사주고 저는 막 굶고 다니고 이랬거든요. 어떨 때는 물 사 먹을 돈이 없는 거예요. 물 하나 500원밖에 안 하는데. 돈 있으면 기부하고 그랬어요. 그러던 중에 한번은 이렇게 기도했어요.

"하나님, 이 500원을 나를 위해서 써도 되겠습니까? 나보다 더 어려운 사람을 도와줘야 하는 거 아니에요?"

그때 참 하나님이 인격적인 마음을 보여주신 게 만약에 네 아들이 똑같은 질문 하면 어떨 것 같아?"라는 마음을 주셨어요. 그래서 "사 먹어도 되는구나!"라는 생각이 들어서 그때부터 물을 사 먹었었거든요.

지금 만약 이직을 고민하고 있자면 하나님한테 "일터를 옮겨 주셔도 되는 거 아니에요?"라고 기도해도 괜찮을 거 같아요. 사실 우리가 일하는 목적이 돈 버는 게 아니라 세상을 바꾸는 거잖아요. 그러니까 하나님께 우리가 세상을 한번 바꾸어 보겠다고 말하는 거죠.

강민수 | 맞아요. 일하는 목적이 돈이 되면 안 되죠. 어차피 연봉은 실력에 걸맞게 뒤따라오기 마련이니까요. 오히려 돈은 우리에겐 뛰어넘어야 하는 일종의 숙제라고 생각해요. 하나님을 영화롭게 할 기회도 제공하지만, 죄로 향하는 유혹도 뒤따르기 때문이죠. 그래서 성경에도 하나님과 재물을 같이 섬기지 못한다고 하지 않았을까요?

"너희가 하나님과 재물을 겸하여 섬기지 못하느니라." (마6:24)

김종빈 멘토 | 미국에서는 한 5번 정도는 직장을 옮겨. 직장을 옮길 때는 계속 업그레이드해서 올라가. 그런데 우리는 세 번 정도 옮기는데 오히려 내려가. 예를 들어 처음에는 대기입, 그리다가 중소기

업으로, 그리고 마지막엔 경비까지 내려가잖아. 자꾸 올라가는 경험을 해보는 것도 되게 좋은 거야. 사실 직장을 옮기려고 하면 도전해야 해. 보통 일반사람들은 도전하기 싫어하거든. 그냥 안주하고 싶은 거잖아.

강민수 | 그러나 저는 조금 다르게 보는데요. 요즘 MZ세대들은 사실 조직에 대한 로열티(Loyalty)가 다른 세대보다 떨어진다고 평가를 받아요. 워라벨을 중시하고 자기 삶과 개성을 중시하는 특성 때문인데 그러다 보니까 자기 '업'에 대해서는 상당히 의식 수준이 높지만, 조직에 대해서는 의식 수준이 좀 낮은 것 같아요. 언제든지 좀 더 나은 조건이나 기회가 있으면 다른 회사로 옮기겠다는 욕구가 있는 거죠.

그런데 반대로 이럴 때일수록 남들이 버리는 가치를 취할 때 자기가 빛이 나는 경우도 많아요. 비슷한 직급에 있는 사람들은 자신이 다니는 회사에 대해 그렇게 로열티가 없지만 만약에 자기는 그게 있다면 빛이 나고 돋보인다는 것이거든요. 그러면 어떤 조직이든 간에 이 친구에게 주목하고 투자하게 되고 기회를 주게 된다는 것이죠. 직장생활, 좀 긴 호흡으로 볼 필요도 있다는 생각이 들어요.

그리고 보통 어떤 것을 선택할 때 기회에만 초점을 맞춰서 보려고 해요. 이런 특성이 잘못된 것은 아닌데 기회가 있으면 반대로 리스크(Risk) 요인도 있거든요. 그래서 아래의 표와 같이 기회와 리스크를 같이 고려하는 습관을 지니는 걸 추천해요. 그리고 의사결정의 어떤 기준을 자신이 정리한 리스크를 자신의 노력 등으로 극복할 수 있는 것인지 고민해 보는 거죠. 그러면 좀 더 지혜로운 선택을 할 수 있지 않을까 싶습니다. 무엇보다 그 선택에 대해 스스로 확신을 갖고 살아갈 수 있겠죠.

[표] 의사결정 템플릿

구분	A사 재직하고 있는 회사	B사 이직하려는 회사
기회요소 Opportunity	-	-
위험요소 Risk	-	-

히스기야 왕 이야기

이사야 38장 1-8절

1 그 때에 히스기야가 병들어 죽게 되니 아모스의 아들 선지자 이사야가 나아가 그에게 이르되 여호와께서 이같이 말씀하시기를 너는 네 집에 유언하라 네가 죽고 살지 못하리라 하셨나이다 하니

2 히스기야가 얼굴을 벽으로 향하고 여호와께 기도하여

3 이르되 여호와여 구하오니 내가 주 앞에서 진실과 전심으로행하며 주의 목전에서 선하게 행한 것을 기억하옵소서 하고 히스기야가 심히 통곡하니

4 이에 여호와의 말씀이 이사야에게 임하여 이르시되

5 너는 가서 히스기야에게 이르기를 네 조상 다윗의 하나님 여호와께서 이같이 말씀하시기를 내가 네 기도를 들었고 네 눈물을 보았노라 내가 네 수한에 십오 년을 더하고

6 너와 이 성을 앗수르 왕의 손에서 건져내겠고 내가 또 이 성을 보호하리라

7 이는 여호와께로 말미암는 너를 위한 징조이니 곧 여호와께서 하신 말씀을 그가 이루신다는 증거이니라

8 보라 아하스의 해시계에 나아갔던 해 그림자를 뒤로 십 도를 물러가게 하리라 하셨다 하라 하시더니 이에 해시계에 나아갔던 해의 그림자가 십 도를 물러가니라

일하는 이유

히스기야 왕이 죽을병에 걸립니다. (1절) 그는 얼굴을 벽에 대고 통곡하며 기도합니다. (2절) 그리고 그는 자신의 과거 선한 행실을 조목조목 들어가며 하나님께 기도합니다. (3절) 성경에 기록되지 않았지만 매우 자세히 자신이 했던 행실들을 열거하며 그것도 따지듯이 아니면 절규하듯 기도하지 않을까 추측해 봅니다. 그러자 하나님이 그의 기도를 듣고 응답하셔서 생명을 15년을 연장시켜 주십니다. (5절)

인생을 살다 보면 진짜 중요한 선택을 해야 할 때가 있습니다. 그때마다 히스기야 왕이 했던 그 방식대로 자신이 했던 과거 선한 행실을 구체적으로 열거하며 기도하는 것은 어떨까요? 어린아이가 부모에게 투정 부리듯, 그것도 논리적으로 도와 달라는데 하나님이 어떤 방식으로든 좋은 것으로 주시지 않을까 생각해 봅니다.

부록

직무 콘서트(영업, 마케팅)

—

　해당 직무 현직자로 취업준비생을 대상으로 전반적인 취업 준비 내용과 직무 및 직장생활을 설명한 적이 있습니다. Youtube Live 로 진행되었고 이 중 의미가 있다고 사료되는 내용 일부를 발췌 및 편집하여 수록합니다. 해당 분야를 준비하는 취업준비생에게는 직무에 대한 이해와 취업 준비에 도움이 되길 바라며, 현직자에게는 실무에서 활용할 수 있는 팁 또는 인사이트를 얻기를 바랍니다.

　✛ 전체 영상은 Youtube '2021 중견기업 일자리 박람회 직무 콘서트: 영업/마케팅 분야' 편에서 확인할 수 있습니다.

1. 취업 준비

❓ 어떻게 취업 준비해야 하나요?

먼저 자신이 가지고 있는 경험과 노하우를 정리할 필요가 있어요. 대부분 자기가 가지고 있는 것들이 굉장한 가치가 있다는 거를 잘 모르시는 경우가 많아요. 가령 아르바이트한 경험도 저는 되게 소중한 가치가 있다고 생각해요. 편의점에서 아르바이트한다고 하면, 내가 그냥 바코드를 찍고 물건을 파는 행위, 그 자체는 남들이 보는 가치인 거고요. 자신이 부여할 수 있는 가치는 달라야 하죠. 어떤 친구들은 매장의 입구가 여러 개가 있으면 어느 입구로 들어오는지에 따라서 사람들이 어떤 물건에 시선이 가는지 이런 걸 자신이 경험하면서 체득하는 경우가 있거든요. 상품 진열이나 위치를 다르게 해보는 방식으로도 똑같은 상품인데도 매출이 바뀌는 걸 경험하는 거죠. 고객이 들어올 때의 어떤 느낌, 즉 연령대, 성별, 차림새 등을 통해 어떤 부류의 사람은 이런 물품을 자주 또는 많이 구매하더라는 자기만의 마이데이터가 쌓일 수도 있죠. 이런 것들이 자신만의 노하우이자 경험이에요. 이런 경험들은 취업 담당자 눈에 들어올 거예요.

두 번째는 조금 현실적인 얘기인데요. 기회라는 게 조건을 요구해요. 남들이 다 준비하는 어떤 스펙이 있다고 한다면 그래도 조금씩 시간을 내서 준비해 보는 걸 추천해요. 왜냐하면 제가 이력서를 받아보잖아요. 그러면 텅텅 비어 있는 사람들이 있어요. 준비가 안 된 거거든요. 아무리 자기소개서를 잘 쓴다고 하더라도 "이 친구는 뭔가 준비가 안 돼 있나?" 하는 인상을 처음부터 줄 필요는 없어요.

세 번째는 인사이트(통찰력)를 가져야 합니다. 앞서 말씀드린 현장에서의 경험과 노하우, 독서, IT 지식 등이 이런 역량을 기르는 훈련에 도움이 될 수 있습니다. 최근의 트렌드를 하나 소개해드리면 일상생활 용품에 IT 기술이 접목된 제품과 서비스가 많다는 점입니다. 단순히 칫솔을 하나 만들어도 소프트웨어가 들어가는 제품들이 되게 많이 나오고 있어요. 의자를 팔아도 소프트웨어가 들어가고요. 일례로 내가 어떻게 앉는지 체형을 분석하거나 어떻게 칫솔질을 하는지 분석해서 알려주는 서비스 앱도 있습니다. 결국 영업/마케팅 직군들이 세상의 변화를 모르면 안 되는 거예요. 오히려 변화의 중심이 되어야 하는 거죠. 혹자는 그래서 지금은 기술 영업의 시대라고 말합니다. 특히 영업/마케팅 담당자들이 이런 혁신을 주도할 수 있어요. 고객이 진짜 원하는 것을 파악해 낼 수 있는 건 고객과 가장 가까운 사람들이 먼저 알 수 있기 때문입니다. 물론 구체적으로 요건을 정의하는 팀과 그걸 개발하는 팀이 따로 있습니다만 제품/서비스의 혁신 방향을 구체적으로 제시하며 리딩(Leading)해 줄 수 있는 건 오직 고객 전문가, 바로 영업/마케팅 직군입니다.

Q 누구에게 이 직무가 적합한가요?

사실 누구나 할 수 있는 거라는 생각이 참 많이 들어요. 그러나 아무나 이 직군에서 성공할 수는 없죠.

개인적으로는 제 성격이 프렌들리(friendly) 하지도 않고 남들 앞에서 말을 잘하는 것도 아니고 술을 잘 마시는 것도 아니에요. 그러다 보니 대학을 졸업할 때 영업/마케팅이라고 하는 것에는 어떤 편견이 분명히 존재했거든요. 그러나 취업의 기회를 열어나가고 그 기회를 자기 것으로 만들기 위해서는 어떠한 가능성이 있는 문을 두드려보고 싶었어요.

면접에서 어떤 임원분이 저에게 물어보셨어요. 어떤 일을 해보고 싶은지 그리고 어느 지역이든 상관이 없냐고 구체적으로 물어보셨어요. 그때 제가 드렸던 답변은, "차라리 가장 힘든 지역으로 저를 보내 주십시오. 정말 아무도 원하지 않는 그런 곳으로요." 그 정도의 절박함은 제가 있었던 것 같아요. 이어서 이렇게 말씀드렸어요. "제가 일반적인 영업직원처럼 술을 잘 마시지도 못하고 성격이 프렌들리하지도 않습니다. 그러나 제가 자신 있게 말씀드릴 수 있는 건 일과 싸워 지지 않습니다."

그렇게 면접에 임했는데 그게 되게 좋은 인상으로 면접관들 머릿속에 남아 있었던 것 같아요. 그리고 제가 이 직군에서 한 5년

간 있으면서 느끼는 건 영업직이 사실 말을 잘하는 사람을 필요로 하고 술을 잘 마시는 사람을 필요로 할 수 있어요. 근데 때로는 말을 잘하는 사람보다 무심하게 툭툭 던져도 무게감이 있고 질문을 하나 해도 의미 있는 질문을 하는 영업사원들이 있거든요. 어떤 고객은 그런 사람을 선호할 수도 있는 거예요. 그래서 영업은 술을 잘 마셔야 한다? 성격상 활동적이고 외향적이어야만 한다? 이거는 절대 아니다. 오히려 영업 직군의 어떤 편견들이 있다면은 좀 버리시고 기회 문이 열린다면은 한번 뚫어보시고 한번 도전해 보시라고 추천합니다. 그러면 생각보다 새로운 세계가 펼쳐질 수도 있다. 이런 말씀 드립니다.

Writer's Tip

혹시 면접장에서 누군가 어디서 일하고 싶냐고 물어보거든 가장 힘든 곳으로 보내달라고 말하세요. 그 당당함이 다른 지원자와는 다르게 당신을 돋보이게 할 수 있습니다. 동시에 자신이 하고 싶은 일은 분명히 있어야 합니다. 예를 들어 현장에서 치열하게 배운 것들을 활용해서 나중에는 이런 일에 접목해보고 싶다고 자신 있게 말하는 게 더 지혜롭지 않을까 생각합니다.

Ⓠ 영업이란 무엇인가요?

◇ 영업/마케팅이란

영업은 보통 상품과 서비스의 가치를 제대로 전달하는 활동이라고 말하죠. 동시에 마케팅은 고객이 원하는 가치를 파악하고 효과적으로 전달할 수 있도록 시장 속으로(Market+ing) 들어가는 겁니다. 그래서 영업과 마케팅은 떼려야 뗄 수 없는 관계를 형성하고 있어요. 혹여나 마케팅이 단순히 홍보/판촉물이나 제작하는 수준으로 생각한다면 정말 잘못된 생각입니다. 마케팅 없이는 영업은 성공할 수 없습니다. 마케팅은 철저하게 최종 소비자(End-user) 중심으로 고민해야 한다는 점도 명심하세요. 중간판매업자는 당연히 마진(Margin)이 높은 제품을 원할 겁니다. 그러나 당사의 제품과 서비스가 시장에서 탁월한 경쟁력을 가지고 고객에게 사랑을 받게 되면 그들이 오히려 찾아오게 됩니다. 그리고 협력업체가 돈을 벌 수 있는 구조를 만들어 주면 되는 거죠. 나중에는 "나가라"고 해도 안 떨어질 겁니다.

◇ **세일즈맨이란**

> 1. 시장과 고객을 알고 시장변화를 제대로 읽어내며 가장 전략적이고 고객과 파트너의 신뢰를 쌓고 고객으로부터 끊임없이 구매 욕구를 불러일으키는 사람
> 2. 누구보다 책임감으로 가득 차고 열정이 넘치며 소통역량이 뛰어나며 팀 협업을 주도하는 사람
> 3. 가장 회사와 제품을 사랑하고 주인의식으로 가득 찬 사람

보통 세일즈맨은 크게 세 가지 부류로 구분할 수 있습니다.

첫째, 일반적인 세일즈맨(Ordinary Salesperson)은 회사를 대표해 영업하는 직원입니다.

둘째, 잘하는 세일즈맨(Good Salesperson)은 정직하고 부지런하며 술을 잘 마시기도 하고 비즈니스 매너가 좋은 직원입니다.

셋째, 탁월한 세일즈맨(Great Salesperson)은 상품/서비스의 가치를 판매할 줄 알고, 자신의 직무에 소명 의식을 지닌 사람입니다. 가치를 판매할 줄 안다는 것은 고객에게 필요한 니즈(Needs)를 찾아내고 충족시키는 것을 말합니다. 동시에 소명 의식은 끊임없이 고객으로부터 구매 욕구를 불러일으키며 제품과 서비스에 혁신을 주도하는 것을 의미합니다.

2. 직장생활

◇ **고객관리 방법**

고객관리 방법은 크게 세 가지입니다.

첫째, 고객의 관점에서 중요하다고 판단되는 정보를 가지고 고객을 리딩하세요. 최근에는 시장의 변화가 급변하게 이루어지고 있어요. 요샌 누구도 안정적으로 운영하는 회사는 잘 없을 거예요. 그래서 고객이 이런 변화를 잘 모를 수도 있어요. 그러면 고객한테 알려 줘야죠. 어떻게 세상이 변하고 있는지. 그래서 변화된 트렌드에 맞게끔 따라올 수 있도록 리딩해줘야 합니다.

둘째, 목적을 가지고 고객을 방문하고 눈으로 보여주는 영업을 하세요. 간혹 아무런 목적 없이 고객을 만나면서 "지나가다 들렀습니다."라고 말하는 경우가 있습니다. 이제는 이런 영업의 시대는 끝났다고 생각합니다. 자칫 잘못하면 '귀찮은 존재' 또는 '스팸메일'과 같은 처지로 전락할 수도 있기 때문입니다. 최근에는 코로나19로 인해 외부 영업활동이 제한되고 고객사에서도 방문을 자제해 달라는 경우도 있습니다. 그래서 최근에는 새로운 방식의 접근이 필요하다고 생각해요. "진짜 당신한테 꼭 전하고 싶은 좋은 상품/서비스가 있어서 목숨 걸고 왔습니다." 설령 표현하지 않아도 고객은 이 말에 감동할 겁니다.

이때는 당사 제품/서비스를 이용한 고객의 만족도 수준, 재구매율 등의 자료를 통해 '눈으로 보여주는 것'이 가장 효과적입니다. 전략과 정보를 가지고 고객을 관리해 보는 걸 추천합니다.

셋째, 기회를 포착하세요. 비록 경쟁사 고객이라 할지라도 중요성이 높다고 판단이 되면 꾸준히 연락하고 찾는 노력이 필요해요. 기본적으로 문을 두드리는 행위가 되게 중요한 거고요. 결국에는 그 기회가 딱 열렸다는 게 포착이 됐을 때 내가 준비되어 있으면 경쟁사 고객을 가져오는 거예요.

◇ **경쟁사 고객을 뺏어오는 방법**

이런 말이 있습니다.

"영업 현장에서는 영원한 적도 없고 동지도 없다."

당사와 어떤 회사가 매우 끈끈한 관계에 있다고 가정해 보죠. 그런데 이 관계는 시장 환경이 어떻게 변하는지에 따라서 언제든지 흐트러질 수 있어요. 기회는 무조건 열려요. 그런데 그 기회의 문이 우리를 기다려주지 않는 경우가 되게 많죠. 왜냐? 그 문은 잠깐 열리거든요.

제가 예를 하나 들어볼게요. 제가 지난주에 구두를 하나 사러 갔었거든요. 제가 좋아하는 브랜드가 명확하게 하나 있어요. 그게 사실은 앞에서 말한 끈끈한 관계잖아요. 그런데 그 매장을 가니까 제가 원하는 게 없는 거예요. 그 브랜드를 찾는 목적은 편한 신발이기 때문이에요. 그런데 마침 마음에 드는 제품이 없어서 옆 매장을 갔어요. 제가 끈끈하게 유지하고 있던 그 브랜드와는 다른 브랜드를 찾아간 거죠. 이 순간 기회의 문이 열린 겁니다. 그런데 아니나 다를까 신어 보니까 구두가 되게 불편한 거예요. "이런 신발은 내가 오래 못 신을 것 같다."라는 생각이 딱 들더라고요. 그런데 그걸 보고 있던 점장님이 저한테 물어보셨어요. "어떤 신발을 찾으세요?", "저는 사실 편한 신발을 찾습니다." 그런데 사실 제가 편한 신발을 찾았지만 구매하려고 했던 그 모티브, 동기는 뭐였냐면 그다음 날 데이트가 있었거든요. 그러니까 제가 직접적으로 말하지 않았지만, 디자인도 되게 중요했던 거예요. 멋있는 모습을 보여주고 싶은 마음이 제 속에 숨겨져 있었던 니즈인 거죠. 그걸 딱 파악하신 점장님이 저한테 이렇게 얘기했어요.

"그런 이유라면 저희 매장에서 신발을 사셔야 합니다. 원래 멋쟁이들은 불편해도 괜찮아요. 이쁜 신발은 불편한 게 당연한 거예요. 편한 신발 찾으시거든, 나이 드시고 사세요."

딱 잘라서 얘기하시더라고요. 그 순간 저의 가치가 완전히 바뀐 거예요. 기존의 제가 좋아하는 브랜드와 끈끈했던 연결고리가 끊긴 거죠. "아 맞아! 멋쟁이들은 되게 불편한 신발 신고 다니잖아." 이렇게 바뀐 거잖아요. 제가 처음에 말씀드렸듯이 고객이 원하는 가치를 가지고 꾸준히 문을 두드리면서 메시지를 전달하는 것. 그러면 결국에 기회의 문은 열린다고 말씀드리고 싶어요.

Writer's Tip

고객은 어떤 제품과 서비스를 구매할까?

만일 회사가 '소비자가 만족하지 못하면 100% 환불을 보장합니다.'라고 말한다면 회사는 그 정도로 제품/서비스에 자신이 있다는 것입니다. 세일즈맨도 이런 확신을 가지고 영업 현장으로 나가야 합니다.

고객은 부족함이 단 하나도 없는 완벽한 제품을 원하는 것이 아닙니다. 오히려 고객은 우리가 제공하는 제품/서비스의 부족한 점을 잘 알고 있을 수도 있습니다. 분명한 것은 고객은 완벽한 제품이 아니라 자신에게 필요한 제품을 구매한다는 점입니다.

예를 들어, 집에 바퀴벌레가 나왔다고 가정해 보죠. 편의점에 갔는데 마침 2가지 종류의 바퀴벌레약이 있습니다.

1. 이 약은 모든 해충을 박멸합니다.

2. 다른 건 몰라도 바퀴벌레는 반드시 죽입니다.

당신이 바로 이 사람이라면 어떤 제품을 구매하겠습니까?

◇ 술에 관한 이야기

저는 일단은 술을 못 마셔요. 그런데 영업 직군에 있잖아요. 술을 마시는 행위는 고객과의 관계성 때문에 보통 마시게 되죠. 물론 관계가 좋아져야 사업도 잘되고 매출도 늘어나는 게 사실이에요. 그런데 그 관계는 영업의 본원적 가치는 아니라고 생각해요. 예를 들어서 설명해 볼게요. 제가 어떤 바이어랑 너무 친하다고 해보죠. 그래서 경쟁사가 시장을 진입하려는 걸 막아줬어요. 이게 팩트(Fact)이고 실제로 영업 현장에 많은 분이 겪고 계신 거예요. 그런데 이런 경우 고객의 관점에서 이 상황을 다시 해석해 볼까요? 바이어 입장에서는 우리를 위해서 막아준 거죠. 오히려 제가 빚을 지게 되는 상황이 되죠. 그렇다면 제품을 판매하는 건 어떨까요. 내가 이번에 사준 거라고 말하지 않을까요?

저는 근본적으로 영업이라는 건 서로 윈윈(Win-win) 관계가 돼야 한다고 생각해요. 저희는 가치 있는 제품과 서비스를 팔고 매출이 늘어서 좋은 거고요. 그분들은 가치 있는 제품을 사용하든 재유통(Resale)을 통해서 또 다른 매출과 만족감을 누려서 좋은 거고요. 그런데 우리는 보통 고객과 타협을 하죠. 예를 들어 100만 원짜리를 팔려고 하면 여지없이 고객이 10%로만 깎아달라고 하죠. 물론 처음에는 안 된다고 하겠지만 고객이 안 살 것 같으면 10%는 어렵고 5%만 깎아준다고 하겠죠. 이건 가치에 대한 접근이 아니에요. 위에서 말한 상품/서비스의 본질적 가치가 아니란 겁니다.

우린 이런 상황을 보통 타협 또는 흥정이라고 얘기해요. 이렇게 안 하려면 상품이 가지고 있는 가치에 대해서 정확하게 얘기해줘야 합니다. 가치로 계속 접근하기 시작하면 흥정이 아니고 협상으로 가게 됩니다. 협상은 전략적이고 논리적으로 하는 것이고 너도 좋고 나도 좋은 상태가 됩니다. 영속적인 영업활동을 위해서는 이런 관계 설정이 필요합니다. 세일즈는 본질적인 가치를 전달할 때 영속적인 매출을 기대할 수 있어요. 그래서 진짜 본질적 가치를 어떻게 전달할 것인가에 대한 진지한 고민이 필요해요.

회식

회식은 직장생활에서 꼭 필요한 요소입니다. 직장 내 동료들과 좋은 관계를 유지하는 것은 기본적으로 선하고 필요한 부분입니다. 일각에서는 사람들이 가진 역량의 차이가 크지 않으니 직장에서는 네트워크나 관계가 중요하다고 주장합니다. 맞는 얘기입니다. 직장생활은 혼자서 하는 것이 아닐 뿐 아니라 누군가는 여러분이 가지지 않은 역량으로 문제를 쉽게 해결할 수 있기에 좋은 관계를 유지하는 것은 필수입니다.

그러나 직장생활에서 제일 중요한 것은 무엇일까요? 저는 단연코 '일'이라고 답하고 싶습니다. 기본적으로 직장생활은 '일하러 온 것'이라는 개념이 흔들리지 않습니다. 그래서 많은 경우에 저는 회식 자리에서 1차만 참석하려고 합니다. 회식 자리가 길어지는 경우 보통 양해를 구한 뒤 비교적 자리를 일찍 뜨는 편이죠. 그리고 귀가한 뒤에는 내일을 준비합니다. 만약 늦은 귀가로 인해 정신과 체력의 한계를 벗어나게 되면 내일 직장에서의 삶은 무너지기 때문입니다. 물론 회식을 끝까지 함께했음에도 불구하고 다음날 체력적으로 전혀 문제가 없다면 다행입니다만 몸만 회사에 나와 있고 머리는 집에 있다면 과연 탁월한 사람이라고 할 수 있을까요?

일하는 이유

본질적 가치란

본질적 가치는 흔히 남들이 겉모습만 보고 판단하고 말하는 가치가 아닌 자신이 고민한 끝에 부여한 남들과는 구별되고 상대에게도 꼭 필요하다고 느끼는 가치라고 생각해요. 누군가 제게 어떤 일을 하는지 물어볼 때도 마찬가지죠. 이때도 제가 일하는 진짜 본질적 가치가 무엇인지 고민하고 답하려고 해요. 그래서 남들이 흔히 말하듯이 단순히 택시 호출 앱 서비스를 기획하고 운영한다고 얘기할 수 있지만 저는 오히려 조금은 추상적이라고 하더라도 "사람들이 더 편리하게 더 저렴하게 이동할 수 있는 서비스를 고민하고 더 나은 '서울'을 만들어나가고 있습니다." 이렇게 말하거든요. 이게 '업'에 대한 본질적 가치이고 이런 접근만이 영속적인 매출을 끌어 일으킬 수 있는 무엇이라고 믿는 거죠.

3. Q&A

Q 성취감을 느낄 때는 언제인가요?

사실 영업 직군들은 사람 덕분에 행복하고 사람 때문에 힘들기도 해요. 어떤 곳에 가면 고객이 "나가!" 이렇게 말하는 일도 있어요. 수많은 거절을 경험하는 거죠. 제가 말씀드리고 싶은 말은 결국에는 마인드셋(Mindset)이 정말 중요한데요. 고객의 수 없이 많은 거절 또는 거부, "나가!"라는 말에 "우리 제품이 별로 가치가 없구나."라고 판단하고 그냥 돌이키는 거는 되게 잘못된 생각이고요. 오히려 "더 편한 시간에 다시 찾아와 달라."는 의미로 받아들이든가 아니면 "조금 더 준비했다가 더 나은 제품/서비스로 다시 찾아와 달라."는 의미로 받아들이는 이런 자세가 필요합니다. 그러다 보면 고객이 "이게 바로 우리가 필요했던 거야."라고 얘기해 주시죠. 그럴 때 저는 행복함을 느끼고요. 가는 곳마다 항상 환영을 받는다는 건 이상적이고 그런 현실은 없죠. 그리고 이런 말도 있더라고요.

"메일매일의 날씨가 좋으면 그 땅은 사막이 된다."

영업직은 사람을 상대하면서 행복과 때로는 좌절감도 느끼지만 그걸 통해서 정말 많이 성장해요. 그래서 영업 직군으로 절대로 끝나지 않고요. 영업직으로 시작을 해서 마케팅, 서비스 기획 등으로 넘어가신 분들도 너무 많아요. 그래서 기회가 있는 곳이 영업 직군이고 되게 보람찬 곳이라고 이렇게 자신 있게 말씀드릴 수 있을 것 같습니다.

Q 회사가 부여한 목표를 달성하기 위해 개인 빚(사채 등)을 들여 자신이 판매하는 제품을 사들이며 영업활동을 하는 경우 어떻게 해야 하나요?

저도 과거에 비슷한 경험이 있었어요. 이전 직장이 유통회사였는데요. 명절만 되면 선물 세트 같은 걸로 판촉을 거는 거예요. 1등부터 꼴등까지 순위를 매기고 그걸 상관이 관리하는 거고요. 그런데 누구는 수천만 원 해오는 사람도 있거든요. 주로 부모님 찬스를 쓰는 거죠. 반면에 저 같은 경우는 그럴 수가 없는 거예요. 첫 직장에다가 아는 사람도 많이 없는데 어디서 그 물건들을 팔아 오겠어요. 친척들한테 부탁도 해보지만 결국에는 제가 일정부분 할 수 있는 선에서 구매했어요.

제 생각에는 실적에 매몰돼서 내가 할 수 없는 부분까지 막 넘어서면서까지 하는 거는 올바른 영업이 아닌 것 같아요. 회사에서 요구하는 수준을 달성하기 위해 할 수 있는 선에서 최선을 다해보는 건 중요하죠. 아울러 고객의 문을 두드리는 행위는 엄청 중요한 거거든요. 그런데 안 되는 거를 억지로 해보려고 하면 무조건 사고가 생겨요. 그렇게 영업하시는 분들은 분명히 재무적인 문제가 생기거나 회사 내부에서도 이슈가 될 가능성이 너무 크고요. 최선을 다한 이후의 결과는 나중에 주어지는 것이죠. 받아들이면 됩니다. 그거를 내가 맞추기 위해서 억지로 하게 되면 무조건 문제가 생기는 것이고 올바른 영업도 아니고 영업직을 준비하는 취업준비생으로서도 그런 접근은 올바르지 못하다고 생각합니다.

물론 회사가 100만 원을 팔라고 할 수 있어요. 최선을 다했지만 20만 원 또는 30만 원밖에 못 팔았단 말이에요. 질책을 받을 수 있죠. 근데 그거는 겸허히 받아들이면 되는 거고요. 그 순간의 감정에 절대로 매몰되면 안 되는 거예요. 다음에는 내가 더 나은 결과를 만들어 낼 수 있다는 자기 확신 그리고 최선을 다하는 노력, 판매 전략 이런 것들이 필요해요. 그러면 회사에서 100을 해라고 해서 120으로 하겠다는 이런 목표가 아니라 스스로에 대한 약속이잖아요. 내가 이번에 30 정도 했으면 다음에는 40, 50 이렇게 늘려나가도 되는 거잖아요. 저는 이런 사람도 충분히 영업직으로서 역량이 있는 사람이라고 얘기하거든요. 너무 딱 숫자에만 매몰되면 영업 직군은 한순간에 망가진다고 생각해요.

Q 실제 영업활동을 하는 노하우나 팁이 있다면 공유해주세요.

먼저 일을 시작할 때는 당연히 매출 목표를 생각해야 합니다. 하지만 실제로 일을 할 때는 목표를 버려야 합니다. 저는 이 경우 장사꾼과 비즈니스맨 비유를 통해 많이 설명해요. 만약 장사꾼이라면 계속 목표로 접근합니다.

"내가 이걸 팔면 얼마의 이익이 나니까 이 사람에게는 어느 정도의 매출을 일으켜야겠다."

그런데 대부분 고객은 눈치를 챕니다. "이놈이 나한테 장사하네?" 그러다가 나중에 영업직원은 이렇게 말하겠죠. "한 번만 사주시면…" 이게 소위 밀어내기식 영업입니다. 설령 한번 사줬다고 해서 다음에도 팔릴까요?

비즈니스 하는 사람들은 매출이 아니라 제품/서비스가 가지고 있는 가치와 소명 의식으로 접근합니다. 이때부터는 목숨을 걸고 이 좋은 제품을 소개하러 당신에게 왔다는 말이 입 밖으로 나오게 되는 것이죠. 그래야 이 사람한테 최선을 다할 수 있습니다.

매출 목표는 나중에 월말 결산 등을 통해서 달성 여부를 파악하면 됩니다. 이때 어떤 점이 부족했는지 철저하게 점검하고 다시 실행 계획을 수립하는 겁니다. 매출부서는 성과로 이야기해야 합니다. 성과를 내는 조직이 직장생활의 만족도가 높다는 사실 명심하세요.

Writer's Tip

일을 잘하는 방법

"내가 하는 일이 어떤 가치를 생산하는가?"

"내가 하는 일이 어떤 가치를 고객에게 제공하는가?"

이 질문들에 제대로 답하지 못하는 일은 모두 '낭비'입니다. 무조건 열심히 하는 것이라고 다 일이 아닙니다. 하루 일과시간 중 오직 가치를 생산하거나 고객에게 가치를 제공하는 것만이 '일'이라고 할 수 있습니다. 커피, 담배, 불필요한 미팅 등은 제거하고 식사, 화장실, 사무실 이동 등을 줄여 고객 관점에서 부가가치를 창출할 수 있는 일에 절대적으로 집중해야 합니다.

직장인을 위한 축복기도문

민수기 6장 24~26절

"여호와는 네게 복을 주시고 너를 지키시기를 원하며 여호와는 그의 얼굴을 네게 비추사 은혜 베푸시기를 원하며 여호와는 그 얼굴을 네게로 향하여 드사 평강 주시기를 원하노라"

직장생활을 시작하셨나요?

신입사원의 설렘과 떨림의 시간은 곧 지나갑니다. 시간이 지날수록 환경에 익숙해지고 때론 매너리즘에 빠져 우울과 무력감이 불쑥 찾아올 수도 있습니다. 그러나 우리가 일하는 이곳, 하나님이 부르신 직장은 우리 삶에 특별히 허락한 땅이자 충실하게 살아내야 하는 곳입니다.

매일 아침, 출근할 때마다 기도합니다.

저는 구약 성경의 솔로몬과 다니엘이 그토록 구했던 하늘의 지혜와 모세가 죽은 후에 이스라엘 백성 앞에 홀로 두려워 떨고 있던 여호수아가 하나님께 받은 담대함과 지도력(리더쉽)을 달라고 말이죠.

여호수아 14장 12절

"그 날에 여호와께서 말씀하신 이 산지를 지금 내게 주소서 당신도 그 날에 들으셨거니와 그 곳에는 아낙 사람이 있고 그 성읍들은 크고 견고할지라도 여호와께서 나와 함께 하시면 내가 여호와께서 말씀하신 대로 그들을 쫓아내리이다 하니"

이 기도문이 매일 새 아침을 열어가는 크리스천 청년들에게 좋은 가이드가 되어 하나님이 주시는 복락의 강수(the river of delights, 시편 36:8)를 경험하길 바랍니다.

시편 36:8

"저희가 주의 집의 살찐 것으로 풍족할 것이라 주께서 주의 복락의 강수로 마시우시리이다"

하나님 아버지 감사합니다.

우리에게 주신 직업은 하나님의 영광을 위해서 하는 일임을 알고 있습니다. 하나님이 주신 달란트를 가지고, 주께 하듯 최선을 다할 때 세상을 넉넉히 이기고 세상을 변화시키는 하나님의 자녀 되게 하여 주시옵소서.

하나님 아버지.

우리를 힘들게 하는 것, 인내와 연단을 요구하는 것, 이런 여러 가지 세상의 문제를 하나님의 시각으로 풀 수 있도록 하늘의 지혜를 허락해 주옵소서.

더 나아가 우리가 탁월해지기를 원하오니 남들이 보지 못하는 것을 볼 수 있는 눈도 열어주시옵소서. 특히 하나님이 설계한 미래에 대해 성령의 눈으로 밝혀낼 힘과 능력을 주옵소서.

하나님 아버지.

우리가 온전한 마음과 손의 공교함으로 세상을 살아갈 때 돕는 손길과 함께하는 동역의 손길도 있게 하여 주사 엘리야에게 바알에게 무릎 꿇지 않은 7천 명을 예비해주신 것처럼 우리 주위의 곳곳에서 하나님의 사람들과 연계하게 하여 주시고, 그들과 함께 하나님의 나라를 만들어 가도록 인도하옵소서.

사랑의 하나님.

새로운 문제가 생길 때마다 하나님이 나를 훈련 시키시고 탁월하게 만드시는 하나님의 미래 메시지로 받고 매일 매일 다니엘과 같은 명철함을 주셔서 매사에 침착함과 믿음의 눈으로 문제를 바라보고 실행할 때 성령님이 도우셔서 탁월한 실행으로 담대히 이 세상에 나가게 하여 주옵소서.

이 세상 사는 동안 하나님만 자랑하며 살아가게 하여 주시고 모든 생각과 행동, 모든 것들이 하나님께 영광되는 직장생활 되게 해주셔서 하나님의 자녀라는 자부심으로, 자존감으로 승리하며 살아가게 하여 주시옵소서.

감사드리며 이 모든 기도 예수 그리스도의 이름으로 기도드립니다. 아멘.

서평

—

* 크리스천이라면 누구나 하나님이 인도하시는 데로 열심히 일하며 직장에서 선한 영향력을 펼치겠노라는 큰 포부를 가지고 입사하지만, 얼마 지나지 않아 사람 관계에 치이고 일에 치이며 생각보다 하나님을 바라보며 직장생활을 한다는 게 녹록지 않다는 것을 깨닫게 됩니다.

이 책은 크리스천 직장인들이 마주하게 되는 다양한 문제와 상황들을 제시하고, 하나님의 방식대로 지혜롭게 문제들을 해결해 나가고, 하나님이 개개인에게 주신 비전을 어떻게 이뤄나갈지에 대한 2인의 멘토와 5인의 멘티가 치열한 고민 끝에 내린 답변들이 담겨 있습니다. 물론 이 책 내용 중 일부는 개인적으로 동의하기 어려운 내용도 있었습니다만 영성에 기반한 이들의 고민과 묵상은 세상의 그 어떤 위로와 해결책보다 귀했고 값졌습니다. 우리 앞에 닥친 문제들에 대해 세상의 방법으로 해결하는 데 익숙해진 크리스천 직장인이라면, 이 책을 꼭 읽어보기를 바랍니다. 어느 순간부터 믿음의 동역자들과 함께 앉아 울고 웃으며, 하나님의 시선으로 문제를 바라보는 경험을 할 수 있을 것입니다.

- CJ ENM 권용수

1. 일 - 회사가 아니라 일(업)에 주인의식을 가져라

2. 실행 - 탁월함을 추구하라

3. 관계 - 주변 사람에게 공을 돌려라

[*] 이 책이 정성껏 던지는 여러 해법 중 제가 찾게 된 저만의 직장생활 방향성이자 해법입니다. 직장생활을 하며 응어리졌던 혼자만의 고민이 해결되는 느낌입니다.

이 책은 지금 하는 일과 자신의 이상(理想) 사이에서 하루에도 수십 번 갈팡질팡하는 젊은 직장인을 위해 현실적이고도 묵직한 위로와 응원을 가득 담고 있습니다. 저자를 비롯한 멘티들과 멘토들은 일과 삶 그리고 신앙생활에 대해 치열한 토론을 이어나가고 있지만, 결국 모든 이야기가 이 세상을 살아가는 우리 직장인들을 향한 위로와 응원의 메시지라는 것을 느끼게 됩니다. 하루 중 가장 많은 시간을 보내고 있는 직장에서 삶의 의미를 찾고 탁월함을 발휘하실 수 있길 바랍니다.

끝으로 이 책이 나올 수 있도록 수고한 모든 멘토와 멘티들에게 진심 어린 감사의 말씀을 드립니다. 이 책을 통해 여러분들도 꼭 여러분들만의 지혜로운 직장생활 방정식을 찾아보셨으면 좋겠습니다. 치열한 전쟁터에서 살아가는 직장인들을 응원합니다.

- 재외동포재단 박귀식

✦ "어떻게 살아야 하나?" 크리스천의 마음을 항상 지배하고 있는 화두다. 모범적인 생활로 주님의 빛을 세상에 드리움으로써 땅끝까지 증인이 되는 삶. 같은 직장생활, 같은 돈벌이, 같은 사원, 대리, 과장이라도 세상의 모습과 우리는 달라야 한다는 점을 다들 공감하리라고 본다. 여기 영성을 통해 일반적인 지성을 뛰어넘으려 하는 직장인들의 치열한 고민과 토론이 담겨 있다. 어떻게 해야 바람직한 크리스천 리더십을 일터에서 발현할 수 있는지 스스로 생각을 정리하는 데에 많은 도움이 되었다. 직장에서 필요한 여러 가지 경영학 이론과 지식도 읽는 중간중간 새롭게 알게 되는 깨알 같은 묘미이다. 이 책을 읽는 분들이 직장생활과 관련하여 평소 가지고 있던 일문(一問)에 일답(一答)을 찾아 나가면서, '세상이 감당하지 못하는 자'로 발전해 나가길 진심으로 소망한다.

- 카카오모빌리티 김기범

◆ 모두가 워라벨을 외치는 세상, 그 속에서 '일의 주인의식'을 외치는 크리스천들이 있다. 대중의 요구는 시대적 결핍에 있다고 했던가. 시장(직장)이 원하는 능력과 잘 해낸 일들로 쌓인 성취감 그 두 마리 토끼를 다 잡을 수 있는 해답이 바로 이 책에 있다. 나처럼 크리스천이 아닌 사람에게도 일독을 권하며 스스로 흔들릴 때마다 이 책을 일의 나침반으로 삼을 작정이다.

- 국민은행 정주만

◆ 대학을 졸업하고 세상으로 내디딘 첫걸음, 참 아름답습니다. 매 순간 세상의 가치관과 기독교의 가치관이 대립하는 상황 속에서, 믿음의 경주(傾注)를 달려가는 청년들에게 직장생활과 비전에 대한 고민은 끊임없이 이어집니다. 이 책에서 먼저 고민하고, 경험하고, 살아낸 그리스도인들의 진솔한 나눔을 통해 독자들이 위로와 도전을 받고, 끊임없이 하나님 앞에서 고민하며, 일터로 나아가기를 소망합니다. 일터에서 영성과 지성을 겸비한 그리스도인으로서 세상과 타협하지 않고, 고군분투하는 독자들의 모습을 통해, 예수 그리스도의 향기가 전해지고, 이 땅이 온전히 회복되기를 간절히 소망합니다.

- 지멘스 가메사(Siemens Gamesa) 조예인

✕

비즈니스, 하나님을 영화롭게 하는 길

우리의 도전은 현재 진행 중

우리가 내놓은 이 해답이 '말'로 끝나지 않고 일터에서 '행함'으로 끝내 해내고 온전히 완성시키기 위해 노력하고 있습니다. 그러나 분명한 것은 우리가 선 이곳은 하나님이 우리 삶에 예비한 땅이자 충실하게 살아내야 한다는 사실입니다. 비즈니스야말로 더 나은 세상을 만들기 위해 가치 있는 제품과 서비스를 만들어 내고 필요한 사람들에게 일자리를 제공하며 의미 있는 사회적 책임을 감당함으로써 이웃사랑을 실천하는 '영광스러운 길'입니다. 저는 이것이 바로 이 땅에 살면서 하나님을 영화롭게 하는 일이라고 믿습니다. 복음은 결코 우리의 삶 밖에서 천명되지 않습니다.

탁월한 비즈니즈맨으로

만약 당신이 강을 건너야 하는 상황이라면 어떻게 하시겠습니까? 세상의 해결방식은 수영이나 배를 타는 것, 아니면 그 배에 모터를 달거나 노를 열심히 젓는 그 정도를 말합니다. 그러나 하나님의 탁월함은 세상의 방식을 초월합니다. 물 위를 걷는 것을 말하고 있습니다.[12]

저는 성령 하나님을 통해 지금까지 거의 불가능한 것들을 희망해 왔습니다. 때론 현실과 비현실을 넘나들기도 했고 상식의 한계를 뛰어넘어 우리가 지각할 수 있는 그 경계를 초월하는 희망을 믿고 노래하기도 했습니다. 분명히 경험했고 하나님의 역사하심을 똑똑히 보았기 때문입니다. 그 성령께서 이 책의 주인공인 바로 우리가 가는 곳마다 주인이 되고 서는 곳마다 진정성이 넘쳐, 이 땅을 변혁시킬 탁월한 비즈니스 리더로 성장시킬 것입니다. 하늘의 지혜를 가진 사람이 이 땅에 해결하지 못할 문제는 없습니다.

---

12)   베드로가 대답하여 이르되 주여 만일 주님이시거든 나를 명하사 물 위로 오라
       하소서 하니 오라 하시니 베드로가 배에서 내려 물 위로 걸어서 예수께로 가되 (
       마 14:28-29)

매일 아침, 출근할 때마다 기도하며 외칩니다.

"하나님, 제게 물 위를 걷는 탁월함으로 이 산지를 내게 주소서(수14:12),
내가 선 이 땅은 하나님이 허락한 거룩한 땅이오니 제가 신을 벗습니다.
다니엘게도 주셨고[13], 솔로몬에게도 허락하신 그 하늘의 지혜와 세상의
지성을 압도하는 영성으로 세상도 놀랄만한 탁월함을 주소서."

혼자가 아닌 삶

더 이상 여러분은 혼자가 아닙니다.

우리는 실제로 보지 못하고 느끼지 못해도 성령 하나님으로 말
미암아 연결되어 있습니다. 분명히 때를 따라 돕는 하나님의 손길
이 있을 것이고 크리스천들이 연합하여 하나님의 선교역사는 완성
될 것입니다.[14]

---

13) 왕이 그들에게 모든 일을 묻는 중에 그 지혜와 총명이 온 나라 박수와 술객보다 십
배나 나은 줄을 이니라 (단 1:20)
14) 그에게서 온 몸이 각 마디를 통하여 도움을 받음으로 연결되고 결합되어 각 지체의
분량대로 역사하여 그 몸을 자라게 하며 사랑 안에서 스스로 세우느니라. (엡4:16)

이제 슬슬 책을 마무리할 시간입니다. 직장으로 돌아가 전심전력(全心全力)[15]으로 일해야 할 때입니다. 건투를 빕니다. 우리는 반드시 잘될 것입니다.

정상에서 만납시다.

"내가 산을 향하여 눈을 들리라 나의 도움이 어디서 올까 나의 도움은 천지를 지으신 여호와에게서로다" (시편121:1-2)

---

15) 이에 저가 그 마음의 성실함으로 기르고 그 손의 공교함으로서 지도하였도다 (시 78:72)

온 세상이 "너는 할 수 없다"고 속삭일 때에도

"그렇지만 해낼 수 있다"고 속삭이며 때에도

함께 있는 성경말씀 기억하며 모든 번민을 훌훌하거라.

그리하여 "내가 먼저 하나님의 영광을 보리라"는 말씀을

읽을. 거울보기 맛있고 경건하여 낙망과 퓌는 가슴으로 그렇게 살아가거라.

2010년 4월, 강의수